老旧市政道路提升改造施工管理导则

昆明市住房和城乡建设局
云南省建设投资控股集团有限公司 编

中国建筑工业出版社

图书在版编目（CIP）数据

老旧市政道路提升改造施工管理导则 / 昆明市住房和城乡建设局，云南省建设投资控股集团有限公司编. — 北京：中国建筑工业出版社，2021.8

ISBN 978-7-112-26466-7

Ⅰ.①老… Ⅱ.①昆… ②云… Ⅲ.①市政工程－旧路改造－施工管理－研究 Ⅳ.①U418.8

中国版本图书馆 CIP 数据核字（2021）第 161737 号

老旧市政道路改造是加强基础设施建设、提升城市综合服务能力的重要一环。本书主要介绍老旧市政道路的提升改造施工管理，共分 8 章，从东风路的基本情况及改造提升背景、管理策划、交通组织疏解、施工工艺、安全文明施工、质量管理、特殊情况下的施工、路畅人和八方面介绍了此类项目的施工要点。本书图文并茂，内容切合实际，对于关键施工要点配有大量三维效果图和现场实际照片，具有较好的实操性与指导性。本书适合从事新建与改造市政工程的技术与管理人员参考使用。

责任编辑：万　李　张　磊
责任校对：赵　菲

老旧市政道路提升改造施工管理导则

昆明市住房和城乡建设局
云南省建设投资控股集团有限公司　编

*

中国建筑工业出版社出版、发行（北京海淀三里河路9号）
各地新华书店、建筑书店经销
北京建筑工业印刷厂制版
临西县阅读时光印刷有限公司印刷

*

开本：787毫米×1092毫米　1/16　印张：8½　字数：171千字
2021年9月第一版　　2021年9月第一次印刷
定价：**89.00**元
ISBN 978-7-112-26466-7
（37894）

版权所有　翻印必究

如有印装质量问题，可寄本社图书出版中心退换
（邮政编码 100037）

编写委员会

总策划： 陈 汉

主 编： 刘 奚 王 亮 唐忠昆 殷华富
王楷银

副主编： 李 雄 易 伟 杨家辉 李洁青

参编人： 李崇伟 孙崇伟 汤伟雄 胡砚杰
向万军 孔 帅 许开金 李健鹏
李荣文 王思尧 冠 聪 范路东
袁熙博 梁 娅 田昌凤 周 建
陈月林 姚 磊 叶正源 王伟达
崔 敏 徐维进 刘 轩 吴兴绍
子丽天

审 核： 陶 文 符安庆

（注：以上人员排名不分先后）

序

城市，让生活更美好。

城市是经济社会发展的主要空间载体，我国经济已由高速增长阶段转向了高质量发展阶段，经济发展方式由规模扩张型向质量效益型演化，随着城镇化率的不断提升，越来越多的人走进城市，在城市中生活、工作，在城市中喜怒哀乐，在城市中实现自我，在城市中得到康养。我们的生活已与这个城市息息相关、融为一体。如何为市民提供更为优质的城市服务，推动城市发展从"服务经济增长"转向"提供良好的人居环境"，是摆在我们每一个城市建设者面前的历史责任。

如何坚决贯彻以人民为中心的发展理念，根据中央精细化城市管理的要求，贯彻省委、省政府城市建设、更新改造的科学要求，不断构建高质量、品质化的市政道路维修、管养体系，完善制定高标准的城市道路、设施技术标准，持续优化城市通行质量，是摆在每个城市建设管理者必须面对的命题。

作为城市建设管理的执行者，以新的城市建设管理理念尽快融入常年的工作惯式，与对标宜居的城市理念，提高市民出行幸福感；践行绿色的城市发展理念，提高城市道路的科技感和现代感；实现构建韧性城市的发展理念，增加城市道路的功能化和综合适应性，疏通城市经济的高质量、高效率主次通道；推行路通人和的城市人文理念，增强人民群众的幸福感和获取感，是我们落实总书记城市管理思想的重要实践。

近年来，昆明市从制约城市建设发展的重点难点问题入手，不断完善城市功能，提升城市品质，在老旧市政道路提升改造、保障性住房、老旧小区改造、天然气替代、地下综合管廊建设等方面取得了显著的成绩，群众满意度和幸福感不断提升，这既是坚持人民城市为人民的具体实践，也是充分履行一个建设者责任踏实的担当作为。

东风路是昆明城市中心重要干道，承载着昆明这座城市的繁华与峥嵘，通过恢复提升、实现主干道功能，提升城市品质，昆明市住房和城乡建设局交出了满意的答卷。交通流量密集、工期紧、难度大、管线复杂，都是客观存在的困难。在本书中，我们看到了建设者们如何从前期策划管理、交通组织和纾解，到施工工艺、安全文明施工、质量管控等方面都做到精细化和精益求精。正是这每一步的"锱铢必较"，在6.73km的路面下埋入了1129.01km的市政管线，在最大限度地减少对交通影响的前提下做到提前150天完工，最终给市民呈上一条道路平整、标线清晰、灯光明亮的康庄大道，作为市民，我满意；作为行业管理者，为系统内的这股工匠精神，我欣慰自豪。

水泥丛处本无温度，凝聚品质则生灵魂；建设人守土有责，老路几度逢春。昆明这条东风路，探索了模式，打出小样，这本书为全省全市今后如何做好城市老旧道路的提升改造工作提供了一个有价值的参照。

精于工、匠于心、品于行，先例既开，有据为引，城市建设者们要在新时代城市建设理念的指引下举鼎用心、实践前行，阡陌纵横处谱写和谐春秋，城市品质上彰显人文灵魂。

云南省住房和城乡建设厅厅长

2021 年 5 月

前　言

城市市政道路担负着市民出行的重任和城市经济发展所需，在现代化城市建设与发展中，城市宜居水平的提高离不开市政道路的建设与完善。随着社会的不断进步，城市的快速发展，人民群众的幸福感和获得感需求日益强烈。加强基础设施建设，提升城市综合服务能力成为国家改善民生的重要举措，与之相应的各类老旧市政道路的提升改造也将是大势所需。

老旧市政道路的提升改造不同于普通道路，现场情况复杂。施工涉及给水排水、强弱电、燃气、道路病害处治、照明、交安、绿化等全方位的提升改造。如何处理原有管线与新建管线标高、走向等位置关系的冲突成为施工过程中的一大难点。而大多数需要进行提升改造的道路位于城市主城区甚至核心区，对沿线周边市民的出行、商铺、公共单位都会造成不同程度的影响，可能导致一定时期内道路的拥堵。如何在保证原有道路承担的交通流量不减的情况下快速完成施工是此类项目的另一难点。根治原有道路开裂、下沉等长久病害，加强新老路面的搭接同样是重中之重。作为项目建设中的各参建单位，需要提前谋划、精心组织、强化内外协调管理，既要注重整体把控，又要注意细节处理。

本书分为8章，从基本情况及改造提升背景、管理策划、交通组织疏解、施工工艺、安全文明施工等不同方面介绍了此类项目的施工，同时利用三维效果图和现场实际照片作为施工要点的主要表现手段，有助于理解和掌握。本书中不可避免存在一些有待商榷和完善的地方，若给大家带来不便敬请谅解，也希望大家在发现错误时及时给予指正，我们会认真修改和完善，同时也欢迎大家提供优秀的做法总结和相关图片来丰富和完善本书。

目 录

第1章　东风路的基本情况及改造提升背景 ··· 001
    1.1　项目概述 ·· 001
    1.2　工程范围、内容及要求 ··· 005
    1.3　建设必要性 ·· 006

第2章　管理策划 ··· 009
    2.1　开工准备 ·· 009
    2.2　"党建、廉政"建设 ·· 012
    2.3　外部对接协调 ·· 013
    2.4　宣传管理 ·· 014
    2.5　建立应急投诉、索赔处理机制 ·· 016

第3章　交通组织疏解 ··· 017
    3.1　交通组织 ·· 017
    3.2　交通疏解方案的实施 ··· 020

第4章　施工工艺 ··· 022
    4.1　试验段 ·· 022
    4.2　地下管线工程 ·· 027
    4.3　道路工程 ·· 047

第5章　安全文明施工 ··· 076
    5.1　基本规定 ·· 076
    5.2　文明施工 ·· 076
    5.3　防尘降尘 ·· 083
    5.4　施工用电 ·· 085
    5.5　安全防护 ·· 086
    5.6　施工机具及设备 ··· 089

第6章 质量管理
6.1 质量保证体系 ... 092
6.2 质量验收 ... 101
6.3 质量创优管理 ... 103

第7章 特殊情况下的施工
7.1 不断交情况下地下管线的过街（或路口）施工 ... 107
7.2 临时钢板减振降噪处理 ... 108
7.3 原有管线保护状态下的沟槽开挖 ... 109
7.4 原有砖拱结构排水主干渠交叉地段的保护施工 ... 110
7.5 狭窄工作面下人工掘进顶管施工 ... 112
7.6 受埋深影响电力管道的排管 ... 113
7.7 绿化带下各类管线标高、位置冲突的控制 ... 114
7.8 "白＋黑"原状混凝土路面基层病害处治 ... 115
7.9 狭窄工作面下的吊装支护系统 ... 117
7.10 采用预制管托高效完成混凝土管道安装 ... 118

第8章 路畅人和
8.1 项目完成情况 ... 120
8.2 项目前后对比分析 ... 123
8.3 社会反响 ... 127

第1章 东风路的基本情况及改造提升背景

1.1 项目概述

1. 项目背景

东风路是昆明东西向的重要主干道,具有深厚的文化底蕴,是昆明"三横四纵"路网东西向中轴线,见证了昆明的城市发展,承担着重要的交通功能,承载着昆明核心商务区的运行,见图1-1。

图1-1 东风路区位图

2010年地铁施工至今,东风路路段翻挖、重载车碾压,造成路面破损较大、局部路面承载力不足、行车舒适性差。同时,交通功能不够完善,路段断面布置、车道规模及路面结构形式不一,影响了昆明市的整体形象,也制约了周边区域的发展;昆明作为"历史文化名城"和"山水园林生态城市",东风路沿线道路环境缺少当地文化元素和气息,亟须改善提升。

2. 印象·东风路

不同的时代，道路及其所附带的景观空间所承载的需求是不同的。随着社会的发展、科技的进步和人们生活水平的提高，传统道路空间的职能正从单一的交通通行职能向便捷交通、资源循环、环境保护、生态恢复、文化体验、商业娱乐、健身休闲、网路联通等方方面面进行拓展。新的需求催生我们打造具有活力的街道景观空间，让人们能够散步、停留、会面、运动、购物、欣赏风景……其核心是满足人、经济、社会的可持续发展。

（1）东风路的建设史——古往今来·历史痕迹（图1-2）

图1-2　东风路及建筑物的历史照片

始建于明朝永乐年间——当时是南门至大西门、小西门间的城垣和护城河，因位于南城门的南边，得名南城脚，后因这里有撞钟楼，钟声全城能听见，取名万钟街。

抗战时期——中央银行、中国银行、农民银行等金融机构迁驻昆明，在此建盖西式高楼大厦，开设公私银行，有昆明"华尔街"之称。

20世纪50年代——因东至近日楼（始建于元代，被老昆明人誉为"接近太阳的高楼"，原位于老昆明城的南大门，明清两代至民国时期，近日楼一带是昆明的主要商业中心，大批的货物在这里集散，是昆明市的象征和骄傲），西至西站，得名近西路。

20世纪60年代——以"东风压倒西风"之意改名东风路，1982年复名。

改革开放——中国经济开始腾飞，东风路沿线产生日新月异的变化。

21世纪——当代中国梦，承载着昆明核心文化商务区的运行。

（2）东风路的文脉——回顾往昔·文脉传承（图1-3）

护国运动：1915年12月25日，蔡锷、唐继尧、李烈钧等人在云南发动反对帝制，武力讨袁的护国运动，它是中国近代史上粉碎封建帝制复辟的一次重要历史事件，深刻地影响了中国历史走向和国家命运，凸显了近代云南在中国历史上的重要地位。现位于东风路上的护国桥、护国门、护国路均建于1919年，被称为纪念云南护国战争胜利的三大工程。其中，护国门、护国桥和护国纪念标，形成护国广场。

图 1-3　东风路的文脉传承

昆河铁路：史称滇越铁路滇段。建于 1903—1910 年，是中国最早修筑的铁路之一，中国最长的一条轨距为 1m 的米轨铁路。抗日战争爆发后，云南成为抗战大后方，滇越铁路一度成为我国最为重要的国际运输通道，是铁路工人用生命书写的传奇，是中华民族百折不挠、永不言弃的抗日精神的体现。新中国时期，滇越铁路成为带动跨国经济与文化发展的重要文化线路。

现今昆河铁路横穿东风路，记录着一个时代的印迹，承载着一个民族的精神，打造百年滇越铁路的文化名片，再现昆河铁路的历史地位，展现昆河铁路修建者的匠心精神。

（3）东风路的商业——道路变迁·城市新貌（图 1-4）

图 1-4　东风路的商业

东风路作为横贯东西的昆明城市中轴，被三市街商圈、小西门商圈、青年路商圈、翠湖商圈等传统繁华商圈所围绕，被王府井商圈、东风广场恒隆商圈、白塔路商圈等现代新兴商圈所青睐；分布有人民路、正义路、胜利堂、护国桥、滇越铁路等历史文化古迹和云南省艺术剧院、云南省博物馆、邮电大楼、拓东体育馆等昆明市十大最早标志性建筑的其中八大建筑；另外沿线有众多居民小区及公共绿地等。

3. 研究过程

1）2014年3月，结合即将完工的地铁项目，提出人民路、东风路、金碧路等昆明市城市重要主干路恢复提升的项目；

2）2016年4月，《东风路道路恢复提升工程综合整治规划方案》通过昆明市规划局报批，并取得昆明市规划局批复；

3）2016年4月，《东风路道路恢复提升工程可行性研究报告》评审通过专家组审核，并取得昆明市发展改革委批复；

4）2016年7月，《昆明市东风路道路恢复提升工程初步设计》通过评审，并取得昆明市住房和城乡建设局批复；

5）2017年3月，完成各专业施工图设计，并成立PPP项目公司；

6）2019年2月13日，市政府组织召开《关于研究东风路道路恢复提升改造方案》专项会议，会议原则性同意设计方案，同时再次强调要按照美丽恢复的原则，高标准建设东风路；

7）2019年3月1日开工，2019年9月30日完工。

4. 建设目标——寻历史之路、记文化之髓、现新城之魅

东风路建设以人为本，从点、线、面出发，对道路整个"U"形断面进行改造。通过对东风路现状的梳理整合、重新设计，优化道路交通，连接道路沿线内外空间；通过对东风路历史文化的提炼，把具有代表性的文化元素融入节点设计中，传承历史文化，刻画城市印记，打造一条具有城市印记的交通干道，为市民提供一个独具历史韵味的新型城市空间，将东风路打造成为一条融合政务、商务、商业、历史文化于一体，以礼宾、品质、繁华为特色的标志性城市中轴线和商旅大道，见图1-5。

（a）项目改造前　　　　　　　　（b）项目改造后

图1-5　项目改造前后对比

1.2 工程范围、内容及要求

1. 工程范围及内容

本次东风路范围西起一二一大街，东至二环路金马立交［含龟背立交地面辅道部分，不包含其主线部分；含近日隧道下穿部分及敞开段二侧辅路，不含隧道上方步行街；含109号路（汇都国际支路）、规划一路；含金马立交地面交叉口］，路线全长约6.42km，桩号范围为K0＋000.00～K6＋418.50，见图1-6。

图1-6 项目地理位置图

工程内容包括道路、排水、电力、中水、铁道路口修复工程及其附属工程（景观绿化工程、照明工程、交通工程等），同时对沿线现状天桥、龟背立交及近日隧道等进行美化亮化，见图1-7。

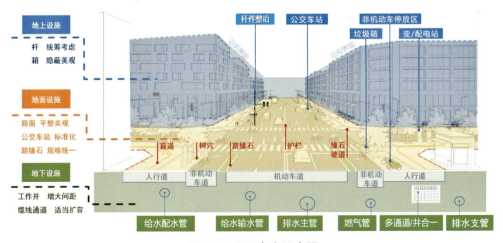

图1-7 项目内容示意图

2. 研究思路

以人为本，妥善处理东风路建设与环境、公共交通换乘、居民日常出行的关系。在符合城市路网布局、交通和经济协调发展的前提下，重点研究路网衔接、交通舒适性、出入口布置，使东风路有利于城市交通的集散和疏解，有利于均衡交通流量，有利于发挥路网整体运行效率，有利于地区规划的开发和协调，注重环境与交通的协调，改善环境的质量，坚持可持续发展战略方针，为城市经济发展提供有力保障。

将东风路打造成为一条融合政务、商务、商业、历史文化于一体，以礼宾、品质、繁华为特色的标志性城市中轴线和商旅大道，体现东风路因商而活、凭文而盛的历史渊源与发展前景。

3. 研究原则

以"恢复提升道路，打造知名旅游城市道路景观"为主线，按照国际著名旅游城市的定位，引导昆明城市形态发展，实现昆明新一轮发展。

以规划建设适当超前为原则，使东风路与骨架路网相协调，适应不断增长的交通需求，为今后发展留有余地。

建设标准与功能定位相适应，力求全线标准的一致性；以交通提升为核心，改善交通环境；增强城市道路市政基础设施承载能力；挖掘历史文化内涵，突出景观特点；提升商业氛围，推进产城一体。

采用新技术、新工艺、新材料，合理确定建设规模，使工程方案充分体现合理性、适用性、可行性和性价比。

1.3 建设必要性

建设必要性

（1）优化道路交通，完善交通出行体系

东风路是昆明市"三横四纵"骨干交通体系中贯穿东西的主干道，见证了昆明城市发展，承担着重要的交通功能，承载服务着昆明核心商务区运行的功能。一方面，部分路段为水泥混凝土路面，行驶舒适性差，道路出现的大量病害，使路面平整度较差，必须采取相应的维修措施，以达到规定的要求。通过本工程的实施，可明显提高行驶舒适性，改善服务水平。另一方面，现状公交专用道及公交站台布置不合理，对道路的通行能力带来了不利的影响。通过对全线路段的断面进行优化，合理调整公交站点，可以完善道路的交通功能，提升道路的通行能力。

由于昆明地铁3号线的施工，对东风路部分路段进行了翻挖，同时施工期间重载车对现状东风路破坏较大，部分路段路面出现了较多的道路病害现象，局部路段路面结构承载力不足，行车舒适性差，不利于交通安全，影响了昆明市的形象，也制约了道路周边区域的发展。部分路段现状路面强度已无法满足交通荷载的需求，从而造成大量的路面病害。管养单位每年均花费大量的人力、物力进行养护和维修，但无法改变路况逐年恶化的客观情况。

实施提高路面结构强度的大修工程，可从根本上消除目前病害发生的主要原因，长时间维持较好路况，降低日常养护成本，降低道路的全寿命成本。

（2）梳理地下管网，改造沿线排水系统

根据现场调查，东风路现状排水管网运行条件良好，但全线并未形成完善的雨污分流系统，基本仍为合流制排水系统。本工程拟在道路提升改造的同时，重新梳理雨污水系统，对现状合流制雨污水系统进行分流制改造。同时根据《昆明市城市排水防涝补短板实施方案（修编）》及现场调查，对沿线昆师路东风西路口、东风路五一路口、东风东路尚义街口、东风东路樱花酒店段、明通巷东风巷口、人民巷、东风东路金马立交路口、东风东路大树营后营、东风东路董家湾段、东风东路外国语学校段、东风东路大树营地铁站处等易出现积水路段，进行淹积水整治。

（3）重塑绿化景观，宣扬道路历史人文

东风路是昆明城区历史悠久的道路，聚集了昆明重要的历史文化遗产，沿线分布有昆明市十大历史文化建筑中的八大建筑，如云南省博物馆、云南省艺术剧院等，分布了昆明市重要的历史文物，如护国桥等。对东风路进行提升改造，一方面可以充分挖掘沿线历史文化内涵，对历史文物建筑进行保护，传承东风路历史文化，体现昆明的本地文化和历史，进一步促进昆明市旅游业的发展；另一方面，重塑绿化景观，可有效改善道路环境和城市风貌，是促进商业繁荣、提升城市品质的重要措施。

（4）完善人性化设施，满足行人使用需求

城市道路是构成城市交通网络，展现城市风貌的重要载体，是市民生活不可缺少的部分。东风路作为昆明市横贯中心城区东西向的重要道路，完善人性化设施，充分考虑行人使用要求，是现代城市道路必须考虑的要素之一，也是现代化宜居城市的重要组成部分。以人为本，从市民使用出发，以便民利民的思路设计道路，使道路更富有人文情怀。

（5）增强城市活力，打造更佳的商业环境

东风路沿线分布了昆明市传统的小西门商圈、南屏街商圈、青年路商圈，新兴的恒隆、东风广场等重要商圈，成为串联昆明市核心城区几大商圈的主干道。东风路是昆明市东西向主要的联络通道，但人行道、非机动车道的大面积损坏，给周边居民出行造成了极大的不便，也影响了昆明市商业发展及对外的形象。通过提升改造，建设与城市形象相匹配的道路，可全面提升昆明市的城市形象与品位，促进东风路周边商业中心的开发。

综上所述，东风路道路恢复提升，是轨道交通3号线通车后的必要改造提升工程，该工程可有效地恢复轨道交通修建过程中造成的路面破坏、交通环境差等情况。同时东风路是横贯昆明市中心城区东西向的重要道路，人文历史久远、现代商业林立，通过该工程可提高道路通行能力，传承人文历史，改善路容、路况现状。对适应交通发展需求、改善交通出行状况、提高道路服务水平、打造更佳的商业环境、提升城市品位、增加中心城市吸引力等均具有重要作用，因而是十分必要且迫切的。

第 2 章 管理策划

2.1 开工准备

1. 组织机构

（1）协调领导组织机构图（图 2-1）

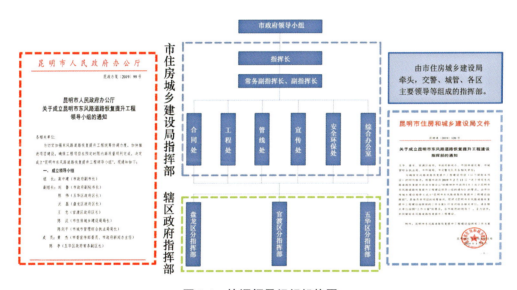

图 2-1 协调领导组织机构图

加强统筹协调，助推项目有序开展，见图 2-2。

（a）领导小组听取项目推进汇报，协调解决存在的问题

图 2-2 各类统筹协调现场（一）

（b）指挥部听取绿化景观节点提升及路灯方案汇报

（c）领导小组及指挥部听取项目投资汇报

（d）市政府小组领导现场调研排水等问题

（e）邀请交警部门现场解决交通导改、保通问题

（f）指挥部协调道路提升与轨道站点移交存在的问题

（g）协调解决昆明市中医院出入口景观提升及扩宽问题

（h）指挥部解决道路淹积水问题

（i）组织大观、吴井、金马、拓东、护国、华山、龙翔街道办对接淹积水点处治问题

图 2-2　各类统筹协调现场（二）

（2）总承包项目经理部组织机构图（图 2-3）

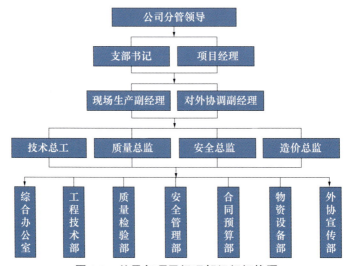

图 2-3　总承包项目经理部组织机构图

总承包项目经理部职责分工见表 2-1。

总承包项目经理部职责分工表　　　　表 2-1

序号	岗位／部门	主要职责	分管／协助工作
1	公司分管领导	全面统筹协调、管理	
2	项目经理	全面负责项目管理，主抓现场进度、安全文明施工；项目资金及合同管理	协助分管领导落实资金及外协工作
3	支部书记	团队建设、宣传、文明施工、投诉处理、党建工作等	分管外协宣传部
4	现场生产副经理	现场生产、质量	分管质量检验部、物资设备部、安全管理部
5	对外协调副经理	协调交警、城管等外协办证、审批手续	联系外协宣传部
6	技术总工	对接设计图纸、方案编制、审批及现场技术处理等	分管工程技术部
7	质量总监	组织质量检查、检测验收、创优等	分管质量检验部
8	安全总监	安全文明、防尘降尘、围挡宣传、创标化工地等	分管安全管理部
9	造价总监	造价、合同、成本管理等	分管物资设备部
10	综合办公室	会议、印章、收发文管理；后勤保障等	协助项目经理工作
11	工程技术部	编制各种方案；技术交底、教育；检查及做好技术资料收集整理等	协助技术总工工作
12	质量检验部	协助质量总监工作、质量监督备案、日常质量检查，收集整理各类质检资料等	协助质量总监工作
13	安全管理部	安全监督备案、工伤保险办理、安全检查、农民工实名制管理等	协助安全总监工作
14	合同预算部	协助造价总监工作	协助造价总监工作
15	物资设备部	按照计划进行物资采购	协助造价总监、现场生产副经理工作
16	外协宣传部	协助对外协调副经理工作；办理各种审批手续；收集各类投诉并进行回复处理	协助支部书记、对外协调副经理工作

2. 现场调研

首先，在建设单位的组织下，根据设计图纸和收集的管线现状图，对构筑物、各类设施、架空线等进行踏勘、排查，收集产权单位名单，拟订拆除计划。其次，根据建设单位提供的原始坐标点、基准线和水准点，复核高程和项目红线范围，并对项目既有的构筑物、设施、管线位置和走向、井室等进行实地标注和登记。

3. 技术准备

根据已有的图纸，编制项目总策划、施工组织设计及各类施工方案，熟悉建设单位已下发的施工图，并邀请设计单位针对熟悉图纸过程中发现的问题进行答疑或交底。另外，在项目开工前，树立评优创优目标，提前做好项目创优策划，便于施工过程中高标准、严要求推进项目。

4. 人员、材料及机械设备

在项目前期准备阶段加快项目部管理团队的搭建，组织管理人员学习相关规范、图纸及技术标准等；根据项目开工时间，做好入场前安全教育培训，组织各施工班组进场。

老旧市政道路多位于城市核心区，交通、人流较大，场地空间极为受限，不利于材料周转，根据《昆明市城市道路车辆通行规定》，提前筹备计划物资，根据现场实际需要分阶段分批次进场，确保在施工过程中不会因材料短缺影响项目进度。

市政道路的施工必须提前考虑各类大型机械的投入计划，做好施工作业面工程量的核准，既要保证项目的顺利开展，又要避免过多的机械闲置造成项目的成本亏损，根据工期计划和围挡单元，合理安排机械的进出场。

5. 证据保全及评估

在项目建设期间，为了做好对邻近建筑物或相关设施的保护，由建设单位引进具有相应资质的检测单位对沿线的构筑物、设施等做好证据保全和危险等级评估，针对危险等级较高的构筑物或相关设施在施工期间要采取保护性施工。

6. 资金准备

在项目正式开工前，项目部与建设单位对接资金的到位情况，并根据项目工期计划，初步提出各阶段或每个月的资金需求计划并报送建设单位，为建设单位资金的筹备提供有力支撑。特别是项目初期资金未完全到位时，合理统筹资金的使用计划。

2.2 "党建、廉政"建设

根据昆明市住房和城乡建设局的要求，东风路道路恢复提升工程成立临时党支部，以党建促工建，在"保安全、保质量、保进度、保廉政"各方面取得了良好局面，实现了以党建工作引领项目推进的有益尝试，见图2-4。

图 2-4 项目部临时党支部

2.3 外部对接协调

1. 各类手续办理审批

1）对接各辖区绿化主管部门，对沿线树苗进行分类、分规格造册登记，特别是涉及苗木的迁移等需提前办理相关手续。

2）老旧道路的提升改造，一般会涉及原有路灯的拆除及施工过程中的保亮。考虑到主路、支次路路灯照明地下线路的复杂性，以及在施工过程中难免造成的损坏，将路灯的拆除和保亮委托给辖区的路灯维护队伍实施，会更加及时、高效地解决施工过程中的各种问题。

3）因老旧道路涉及原有垃圾桶、报刊亭、公共厕所等相关配套设施的拆除，在项目前期应分区分类进行统计，并书面上报各区行政主管部门，对接拆除和移交事宜。

4）为加快工程推进，减少对市民和交通的影响，大型机械施工及夜间组织施工在所难免，要提前与辖区环保部门对接办理夜间施工等相关审批手续。

5）加强对接沿线监控、军用光缆等设施产权单位的排查，调查清楚其管线的走向、埋深，做好现场标记，为后续保护性施工和迁改提供支撑依据。

6）对接交警部门，协调交通组织方案的审批，以及交警岗亭、交通指示牌的拆除等工作。

7）与自来水公司对接，办理施工用水以及用于防尘降尘的雾炮、喷淋、洒水车取水口事宜。

8）由于渣土运输路径及合法渣土消纳场审批严格、办理部门多且流程较长，需要提前上报资料至辖区城管办理批复意见，再按照批复意见要求实施。

9）根据已签订的合同，到质量安全监督部门办理质量安全监督备案。

10）根据开竣工时间，在项目所在地县级以上的社保局购买工伤保险。当项目跨多个区施工时，应去施工总承包企业所在地的社保局购买。

11）根据交通组织、方案图纸，对接公交公司关于公交车站台和公共自行车站点的新建、原站点拆除或临时迁改等工作。

12）在和铁路有交叉或搭接的地方，建设单位需要提前委托有相应资质的设计院做设计方案，并报送管理本段铁路工务段、供电段、电务段、通信段、安监室、施工室等至铁路部门审查，同时委托具有相应铁路监理资质的监理单位进行监督管理。

2. 沿线邻近在建项目及公共单位的对接、协调

1）协调邻近在建项目及各支线道路、社区、商业楼盘等预留的施工出入口位置或永久出入通道，合理规划围挡单元，减少交叉施工造成的相互影响。

2）对接邻近在建项目需求，预留给水排水、强弱电通道等，避免以后对已提升改造的道路进行开挖破坏。

3）与邻近在建项目对接交叉搭接面的收尾处理工作，确保标高顺接一致，材质尽量统一。

4）提前对接沿线公共单位，对交界处、主要淹积水点进行处理。

3. 属地政府及辖区街道办事处的对接、协调

在项目施工期间，需与属地（区）住建、城管、园林、环保、辖区交警等部门对接，办理相关审批、登记及备案手续，同时请辖区街道办协助做好宣传工作，力求得到周边市民的理解和支持。

2.4 宣传管理

1. 成立宣传小组，建立宣传管理办法

成立对外协调宣传部，由指挥部、业主单位及施工总承包单位相关成员组成，并制定《信息报送发布工作规定》和《应急突发事件舆论应对和媒体网络舆情处置预案》等工作管理办法。

2. 宣传单及导行手册发放

印制温馨提示、宣传单及导行手册，在临近街道、社区、人流量大的报刊亭、商铺等进行发放，广泛宣传，见图2-5。

图 2-5　发放温馨提示、导行手册、宣传单

3. 与媒体签署合作协议

与媒体签订合作协议，在其旗下媒体的重要版面开辟专栏，安排专门记者跟踪报道工程施工建设情况，重点报道建设施工进度、施工区域交通路况信息、二次交通导改后出行路线变化等信息，及时提醒市民合理安排出行路线和出行方式，见图 2-6；做好舆论引导、舆情应对和处置工作，在发现有关项目负面舆情后，第一时间通知指挥部并获取指挥部的正确信息、第一时间更正辟谣、第一时间发布事实澄清信息并利用媒体网络资源协调相关媒体，实施跟进舆论引导措施，确保负面舆情不进一步扩大。

图 2-6　新闻媒体宣传

4. 适时组织媒体通气会

分别在开工前期以及项目推进过程中举办新闻媒体通气会，就项目实施的意义，施工前准备工作，以及项目推进过程中取得的成绩，遇到的困难等通过新闻媒体向广大市民公布，见图 2-7。

图 2-7　新闻媒体通气会

5. 阶段性市民开放

在项目的推进过程中，适时举行市民开放日。邀请热心市民进入施工现场，实地观摩施工过程，了解作业中的难点重点，认真听取市民的意见和建议，并根据市民意见动态调整施工组织，最大限度减少对市民日常生活的影响，见图 2-8、图 2-9。通过此活动与广大市民形成良好的互动，真正体现"民生工程为人民，人民的事情人民管"的服务宗旨。

图 2-8　邀请市民巡访团对项目建设提意见　　　　图 2-9　积极听取热心市民的意见

6. 过程中关键节点、亮点宣传

在施工过程中，向各新闻媒体及时发送新闻报道及新闻通稿，对整个项目推进的情况进行全面报道，对交通导改、围挡调整等情况向广大市民及时通报，以便大家及时调整出行方式，同时就项目的关键节点、取得的成绩向社会各界汇报，使大家对项目的实际进展有较为直观的认知和了解。

2.5　建立应急投诉、索赔处理机制

成立应急投诉、索赔小组

成立应急投诉、索赔小组，小组成员由公司法律事务部门的人员及现场主要的管理人员联合组成。在办公室设置固定投诉电话及接件人员，接收到的投诉件须第一时间上报应急投诉、索赔小组讨论并拿出处理方案，最后按照流程给予回复，避免造成较大的社会负面影响。

*　　*　　*

本章结语：该阶段的关键是统一各部门、参建单位思想，明确各部门职责，向沿线群众、单位及市民进行宣传。建立行政部门协调外围，设计单位精准掌握各道路要素，为施工单位创造良好的环境，保证按质按量按节点推进工程建设。

第 3 章　交通组织疏解

3.1　交通组织

1. 交通组织原则

本道路恢复提升项目横穿三个区，是市区重要的东西向主干道之一，不具备断交施工条件，保通要求较高，在编制保通设计方案时委托专业设计院，确保方案切实可行。为尽可能地减少因道路施工造成交通堵塞及对附近交叉口产生的不利影响，保证道路施工能顺利进行并按期保质保量完成，施工期间的交通组织设计应遵循以下原则：

1）科学性与可操作性原则：运用交通分配理论、交通影响分析评估理论、交通组织管理理论等科学性理论，力求交通组织方案的科学性，且结合项目特点，确保研究成果具备可操作性，指导项目的实施。

2）交通大于施工原则：需提前做好交通组织方案，获得交警部门批复，经交警现场核查可行后按照方案正式实施，否则不可进行施工。

3）保通施工原则：施工期间不中断交通，尽量满足现有各个主要道路的交通流量要求，维护现有的交通设施，接受交通管理部门的管理和指挥。

2. 沿线及周边道路交通流量分析

1）根据道路红线，确定施工道路全长，统计全长主要交叉口，并确定交叉口类型（几进几出、信号控制、立体交叉等），同时统计出横断面交通现状、周边公交情况及高峰时间段道路拥堵集中位置，分析通行能力要求。

2）采用自动仪表计数配合人工，对施工道路进行流量评估，结合调查数据，出具交通影响评估报告，对车辆出行时间特点、运输方式、交叉路口以及左右转车辆进行功能性分析，为下一步制定绕行方案、围挡布置等交通分流措施提供有力支撑。

3）施工过程中定期监测车流量，评估施工对道路交通的影响，针对可能出现的交通拥堵段做出预警，提前采取合理措施规避，见图 3-1。

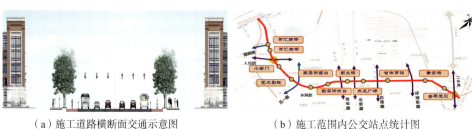

（a）施工道路横断面交通示意图　　　　（b）施工范围内公交站点统计图

（c）施工范围内高峰期交通拥堵路段统计图　　　　（d）交叉路口流量调查

（e）各路段高峰期车流量统计　　　　（f）立交桥断面施工前后对比分析

图 3-1　沿线及周边道路交通流量分析

3. 交通保通方案编制

（1）方案编制

本项目结合施工道路特点，拟采用分幅分段施工的方案。纵向以各个路口之间的路段为单元逐一进行施工，完成施工即开放交通，降低施工影响；横向结合工期、雨期施工管道开挖等因素合理分幅，在保证余下道路宽度满足要求的情况下依次施工。具体措施（图 3-2）如下：

（a）原有道路标线清除　　　（b）新建临时标线　　　（c）行车道重新规划

图 3-2　各类交通保通措施（一）

（d）增设机非隔离栏杆

（e）入城交通提前分流

（f）区域交通绕行

（g）交通标志修改

（h）原公交站台

（i）交通疏解后临时公交站台

（j）围挡布置一

（k）围挡布置二

（l）预留行人通道（不低于1.5m）

图 3-2　各类交通保通措施（二）

① 充分发挥平行以及相交道路的分流功能。提前申请建设期间取消相交以及平行道路的临时停车位，清除原有旧标线，根据道路宽度重新规划行车道，并提前设置分流诱导标志，增加机非隔离栏杆。

② 施工前完成三级交通疏解。第一级为过境及入城交通，通过在入城重要节点设置提前分流标志进行远端分流，减少进入施工道路方向的车辆。第二级为区域交通，通过在施工道路附近平行以及相交干道提前设置分流标志，提示过往车辆绕行。第三级为片区微循环交通分流。利用施工道路沿线具备分流条件的微循环道路，通过单改复、开放掉头、违停抓拍等措施提高分流能力。

③ 统计受道路施工影响的公交站台，与交警和公交公司对接后，合理设置临时站台或者进行线路调整，并通过多种渠道发布相关公告。

④ 根据施工道路现场情况，在保证车行道、非机动车道以及人行道宽度（保证双向四车道，每个车道不少于3m，单侧非机动车道不小于2.5m，人行道单侧不少于2m）的情况下，分幅、分期进行围挡，逐段推进，尽量减少对道路资源的占用。

⑤ 交叉路口以及过街管道的施工尽量选择白天保通夜间施工，减少对交通的影响。

⑥ 加强宣传力度，通过电视、电台、报纸、微信公众号等媒体及时发布施工公告和保通分流措施，提前告知广大居民合理绕行。

（2）报批流程

① 根据前期调查资料，编制首批施工围挡搭设方式，以平面图配合标志标线的形式报送，于开工前一个月将申请和方案设计报送昆明市公安局交通警察支队审批。

② 昆明市公安局交通警察支队受理完成后，将组织相关处室与对应的辖区大队对方案的可实施性进行研究和优化。

③ 领取首次方案意见。

④ 报审方案讨论后，交警部门到现场进行查看，核实方案设计是否与现场实际吻合。

⑤ 随着工程进展，后续阶段的围挡方案报批需以路段分期进行报送，且需提前一个星期报送至昆明市公安局交通警察支队。

4. 施组与交通疏解方案的结合实施

1）交通组织意见内有明确的围挡搭设工期，需结合施组的工期计划合理安排相对应的人、材、机计划，并逐一落实，不得出现围挡搭设工期超限等情况。

2）横过街及沿线公共单位出入口施工需提前报批。优化施工方案，从组织措施、技术措施、经济措施方面加快施工进度，利用周末或节假日的时间采取夜间施工、白天保通的方式进行施工，施工时间为 22:00-6:00，凌晨 6:00 后暂停施工，恢复交通，到次日 22:00 再进行后续施工。不允许出现因为施工未完成，导致交通堵塞等情况。

3.2 交通疏解方案的实施

1. 实施原则

1）严格按照"先批复，后施工"的原则施工，针对项目所采取的交通疏解措施，要先经过交通主管部门的审批，再按照批复意见进行施工。

2）严格按照"先设施，后围挡"的原则施工，在围挡首次搭设以前，应该完成交通疏解微循环和外围分流设施安装。

2. 设施安装与围挡搭设

1）按照方案批复后的交组意见，对标志、标牌进行提前安装，选取交通流量较小时段进行旧标线清除，同时画新的导行标线、调整现状隔离设施、安装对应的减速带等，完成后通知交警部门进行现场验收。

2）在交警部门的指导下，进行围挡搭设，搭设必须严格按照现行国家标准《道路交通标志和标线》GB 5768.1～GB 5768.8 设置配套交通安全标志及夜间发光装置，施工围挡转角、变形处必须采取通透式防护网围挡，保证必要的安全视距。

3）按照围挡搭设后的交通调整，提前通过媒体进行宣传，并做好施工道路沿线单位、居民的宣传解释工作。

3. 保通人员组织

1）成立保通领导小组，加强与当地交通主管部门的对接，严格按照交通组织设计对施工区域进行交通管制。

2）按照交通主管部门的要求，提前一周筛选符合要求的人员接受交警培训，确保能够胜任交通疏导工作，正确履行交通协管员的职责。

3）在各个路口、临近道路及围挡端头设置交通协管员（图3-3），配合辖区交警大队指挥和疏导过往车辆，严格控制施工区域的交通状况，避免发生交通堵塞。

图 3-3 交通协管员

*　　*　　*

本章结语：该章节工作的重点是：

1. 确保主干道功能实现，按照力保双向四车道＋非机动车道＋人行道断面组织，并保证整洁的交通环境；

2. 确保沿线小区、单位、学校有通道，对重点单位、重点时段保证到位，如学校接送时段、银行特殊时段等；

3. 有明确的绕行方案，道路施工不可避免地会影响通行，对途经市民，给出多套绕行方案，并请交警部门和高德导航给予引导，尽量减轻施工道路压力；

4. 确保道路平整和施工围挡规范，及时补填施工临时通行路面的坑塘，每天巡查和修补围挡，尽可能保证通行的舒适性。

第4章 施工工艺

4.1 试验段

1. 试验段的目的

（1）原有管线的资料完善

在各个试验段内管线复杂的点位进行探坑开挖，收集管线走向、埋深等信息，完善工程区域内现状管线资料。

本工程沿道路桩号新建管线位置平行开挖一条探沟，每间隔10m开挖一个探坑，探坑的位置和数量根据现场实际情况进行调整，有交叉路口或特殊注明管线位置的部位应进行加密。

（2）确定各路段的施工参数与施工工艺

① 确定路基级配、透水混凝土及沥青摊铺的松铺厚度、压实系数以及相应的机械组合、碾压方式、碾压遍数等。

② 确定路基预沉降值，确保新老路基结合部沉降量的统一。

③ 确定透水混凝土的浇筑、透水砖的铺装、防沉降井盖的安装等施工工艺以及路基换填处理原则。

（3）实施方案的确定

根据试验段施工的现场实际效果对不同施工方案进行比选，确定最终的实施方案。

（4）材料的选定

根据试验段确定果皮箱、拦车石、路缘石、人行道砖、路灯等的选型，种植苗的品种等。

（5）保通方案的调整

本工程处于主城区中心区域，人员密集，车流量大，做好交通疏解工作、保障市内交通极其重要，根据试验段施工的具体情况，及时调整保通方案。

（6）总体进度控制

计算试验段围挡范围内的工程量及各分项工序持续时间，精确调整项目全路段总体施工进度计划，合理组织各施工班组进行施工，发现进度滞后应采取纠偏措施及时进行调整，如调整人员组织、材料购配置、工序安排等。

2. 试验段选取原则

1）管线复杂、全面且具有代表性，能够包含给水排水、强弱电、燃气、道路病害处治、照明、交安、绿化等不同方面的施工。

2）交通流量较大，保通要求高，便于更好验证施组与交组的可行性，预测后期施工带来的交通压力，避免造成交通拥堵。

3）试验段选定的长度按照路段内的主要行车通过量，以支线出入口为单元，结合沿线单位人员通行量确定，宽度结合交警部门审批的首批围挡搭设批复意见确定（拟选路段结果以指挥部评审后为准，再报送交警部门审批）。

3. 试验段人材机的投入

（1）施工人员组织

根据工期计划，结合工程路基、给水排水、强弱电等地下分项工程施工组织困难、交通影响大、工期长等特点，突出专业化施工、精细化管理的原则，投入具有丰富施工管理经验的管理人员和专业施工队伍参加试验段施工，各劳务班组根据项目部要求合理安排劳动力。

试验段拟投入人员直方图如图4-1所示。

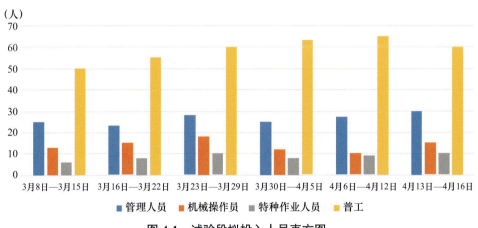

图 4-1　试验段拟投入人员直方图

（2）材料及机械投入

以本项目第一试验段为例，拟投入的材料及机械如表4-1、表4-2所示。

第一试验段拟投入材料统计表　　表 4-1

工程内容	材料	数量
施工围挡	双面复合彩钢板	140m
	铁马（1.5m×1.2m）	145个

续表

工程内容	材料	数量
施工围挡	反光条	80m
	现场喷淋系统	PPR（φ32）增压管130m＋2号喷头95个
	六牌一图	2套
	防撞桶（DN600×800mm）10kg	8个
	3cm厚仿真塑料草皮	120m
	锥桶	50个
	警示灯	30个
	灭火器	4个
新建DN500污水管	HDPE波纹钢带管	83m（主管＋支管）
污水检查井4座	φ12钢筋、C20混凝土	根据施工设计图纸统计
新建DN200中水管	钢丝网骨架塑料PE复合管	75m
4m人行道透水砖铺装	生态钢渣透水砖	280m²
新建绿化带连体树池	树围石、压边石	根据施工设计图纸
现状绿化带、路缘石拆除	—	220m²/100m
新建交通工程	杆件基础	17座

第一试验段拟投入机械统计表　　　　　表4-2

机械	型号	数量	拟用部位
破碎挖掘机	卡特320	1台	破除现状路面、土方挖运
手持电镐	—	4台	破除部分混凝土结构
雾炮机	60型	1台	降尘
抽水机	100mm	1台	基坑降抽水
汽油发电机	10kW	3台	雾炮机、临时照明、喷淋
蛙式打夯机	—	1台	沟槽回填

4. 试验段施工流程

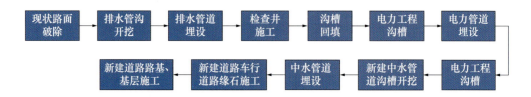

5. 试验段问题总结

（1）围挡布设

交通组织方案分阶段上报审批，按照交警部门审批意见，部分方案中的围挡宽度会发生变化，如某路段原计划在围挡外机动车道宽度为9m（2m×3.5m机动车道＋2m非机动车道），结合现场实际情况，交通改道的时候只有6.5m的有效宽度，扣除两侧的标线及预留，只剩下6m宽，对通行有较大影响。

解决方式：围挡搭设宽度以交警部门批复为准，如现场实际情况确实不能满足施工要求，将现场实际情况上报到交警部门，并邀请辖区交警到施工场地内实地勘察，做出围挡搭设扩宽计划，且重新上报交组保通方案，批复同意后再调整围挡搭设宽度。

优化方式：在报批围挡搭设宽度时，一定向交警部门说明实际情况，在满足施工要求的情况下，结合现状道路最大通行空间，合理报批。

（2）工序衔接

① 开挖中水管沟槽时，可以连原路缘石、人行道同步拆除，避免二次人行道拆除耽误工期。

② 在透水混凝土养护期间（图4-2、图4-3），铺设透水砖前，完成绿化种植土的回填，避免对透水砖造成污染，有利于成品保护。

图4-2 彩条布覆盖透水混凝土　　　图4-3 土工布覆盖透水混凝土

（3）路基换填检测

常用方案弊端：试验段的施工步骤是使用人工钎探检测路基是否需要换填，这种方案导致每个围挡都需要分很多批次做路基检测，且每次检测后才能确定是否需要路基换填，若涉及大面积路基换填，就会存在一定的质量影响；此外，原路基破除后出现大面积的软基换填，渣土车将无法行驶到软基换填的位置，挖机需多次翻土，才能把渣土外运出去。

新方案处理方法：在破除路面前，对路基进行布点检测，确定该区域是否需要换填，整体上节约施工时间，当出现大面积路基换填时对路基进行一次性换填，更有利于保障路基填筑质量,也避免挖机多次倒土后才能装车外运。

(4)质量控制

① 在试验段人行道施工中,首次浇筑透水混凝土,因振捣密实平整时未能较好控制顶面标高,导致铺设透水砖时中粗砂垫层过厚。

处理:在后期浇筑透水混凝土时,严格控制透水混凝土浇筑时的松铺厚度顶面标高,才能保证中粗砂垫层厚度平均为3cm,保证透水砖的铺筑质量。

② 透水砖、路缘石等第一批原材料进场时间比较匆忙,施工时发现存在开裂、缺棱掉角等质量问题。

处理:安排人员去生产厂家考察,从进货源头进行严格把关,对进场材料须开封验收合格后才准下车,否则不予签字接收。

③ 在部分路段,路灯、交通基础下挖1.6m后挖到了弱电管、中水管,导致无法继续下挖或者原有沟渠占据连体树池位置,以上情况致使路灯基础、交通基础无法按设计要求埋设预埋件,部分路段甚至连绿化乔木也无法正常栽种。

处理:提前统筹各管线单位,确定路灯和交通基础的位置,将弱电管、中水管横向移动,为了更好地统筹管理地下管线及绿化、照明、交通等的位置关系,弱电、自来水、燃气等管线施工队伍必须听从总承包的统一安排。

④ 某路段,新建电力管道由南向北横穿道路,试验段施工采取开挖一段埋设一段的方法新建管道,施工至路中发现有燃气管与电力管交叉,且标高冲突,而新建电力管道为了保证通车,已经浇筑混凝土,无法全部取出。

处理:经过协商,挖除3m新建电力管道,增设一座直线井,将下一段电力管的标高抬高后从煤气管上穿过。后期类似情况施工时,应先探明地下管线,确认不会有其他管线冲突后再开始正式施工,或者在两井之间全段沟槽挖完后再进行管道埋设。

(5)安全控制

① 沟槽开挖未进行及时支护。

处理:进行逐级交底,确保工人真正认识到管沟支护的重要性。

② 工期紧张,作业人员流动频繁,班前教育内容不详细或交底不到位。

处理:现场管理员应根据施工任务或工序的变化提前告知安全人员及技术人员,最后由班组长细化成班前教育内容,让班前教育具有针对性及实效性。

③ 防尘降尘力度不够,工人意识不足,未能较好地利用喷淋系统和雾炮机。

处理:喷淋自来水采用水车运送,定人定时进行喷淋。针对喷淋不能有效覆盖的区域,采用人工或洒水车进行单点降尘,并做好喷洒水降尘台账。

④ 施工用电不规范,作业人员安全意识淡薄。

处理:规范开关箱及配电箱,加强电工巡检,对作业人员进行用电知识宣传,发现不合格的施工机具及时维修或清退。

4.2　地下管线工程

1. 测量放线

（1）仪器选型

勘测、设计单位交桩后，项目部测量队对在施工范围之内的桩位（包括导线点、水准点等）进行必要的保护，并及时做好导线复测与导线点的加密，水准点的复测和加密等控制测量工作。

测量工作遵照有关规定，本着“经济合理、安全适用、技术先进、确保质量”的原则进行。项目部测量队主要负责现场测量管理和测量控制，复核检查施工测量组的测量，负责与业主、监理等单位的内外联系协调等工作；施工测量组主要负责现场的施工放样及相应技术交底与现场测量值班。

项目部配有 DSZ2 水平仪一台和 ZT20 全站仪一台，供前期道路测量、初步放线和后期技术指标复核使用。所有仪器在使用前通过质量检测机构的检定。工区劳动班组均配备有水准仪、全站仪、GPS 等测量工具，用于现场放线放样，如图 4-4 所示。

测量装置周期检定计划表

年度：2018年　　　　填表日期：2018年10月2日

序号	出产编号	器具名称	规格型号	使用单位	检定周期（月）	鉴定单位	计划检定时间（2018年）						计划检定时间（2019年）					
							7	8	9	10	11	12	1	2	3	4	5	6
1	16147	水准仪	DSZ2	云南悦磊劳务有限公司	12	云南地矿测绘仪器鉴定站							√					
2	16265	水准仪	DSZ3	云南悦磊劳务有限公司	12	云南地矿测绘仪器鉴定站							√					
3	16155	水准仪	DSZ2	云南汇滇劳务有限公司	12	云南地矿测绘仪器鉴定站							√					
4	G99126010040	GPS	G990	云南悦磊劳务有限公司	12	北京航天计量测试技术研究所							√					
5	G99126010008	GPS	G990	云南汇滇劳务有限公司	12	北京航天计量测试技术研究所							√					
6	2105611	全站仪	ZT20RPro	云南联熹建筑有限公司	12	云南省计量测试技术研究院										√		
7	/	钢卷尺	5m	云南联熹建筑有限公司	12	云南省计量测试技术研究院										√		
8	/	钢卷尺	50m	云南联熹建筑有限公司	12	云南省计量测试技术研究院										√		

报送单位：云南建投中航建设有限公司　　审核：　　填表：周德波

图 4-4　测量装置周期检定计划表

（2）导线复测与导线点的加密

① 根据设计单位移交的控制点成果资料，按照市政工程相应的精度要求，使用全站型光电测距仪，在最有利条件下进行观测，如图 4-5 所示。全线测设完毕后，整体平差，如平差精度要求符合规范要求，采用设计成果；如平差精度不符合要求，及时联系监理及设计单位，查出原因，确定测设问题或地面控制点问题，再重新复测。经勘测设计单位同意，采用复测结果。

② 外业测完后，及时进行成果的整理，复测成果由项目部测量队作为原始技术资料存盘。

③ 复测后，根据施工现场测量的需要，对导线点进行加密，加密导线点沿中线布设成等边直伸附合导线，附合在高级导线控制点上，并注意避开或减少不良

影响，附合导线测量的技术要求应符合现行行业标准《城市测量规范》CJJ/T 8 中精密导线测量的各项规定。

④ 布设时应保证前后点间通视，相邻边长之比不宜超过 1：3，布设时还应满足施工测量放样的需要。

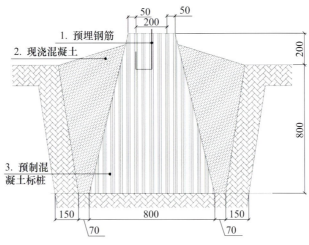

图 4-5　控制点标桩做法示意图

（3）测量施工质量保证措施

① 测量人员业务素质的保证

除通常的平面控制网和高程传递外，定位控制、位移变化观测等工作的技术含量高，测量难度大，工作量大。需要严格按照组织机构配备数量足够、资质合格的测量人员。

② 测量仪器精度的保证

在测量仪器的选用上充分考虑测量精度的高要求，选用具有先进水平的同类设备，并在进场前对仪器设备重新进行检定，检定合格取得合格证书后方可使用。

（4）施工放样点和成果移交

工程开工前项目部测量管理部门及时将各控制点、水准点的成果数据，连同现场点位，一并移交给各施工作业队，并进行测量成果交底，以满足施工测量的需要。在施工过程中，按图纸要求及时对基坑开口线、结构轴线、路桩位等重要部位进行位置和高程的测量复核，一并填写《测量复核记录》。

2. 探沟开挖

（1）施工目的

地下城市管线是城市的重要基础设施，科学、准确、完整的地下管线现状信息是地下管线安全运营的保障。在城市道路建设过程中，由于现状地下管线资料不齐全、位置不准确而造成管线破坏的事情时常发生，给人民群众及管线权属单位造成重大经济损失，甚至危及生命安全。为此，在施工方案确定之前，要在工程区域范围内探明现状管线的信息资料，见表4-3。为避免施工时对原地下管线进行破坏，施工前需对原地下管线进行调查和保护。

现状地下管线覆土厚度　　　　　　　　表4-3

管线名称	最小覆土厚度（m）	说明
电力电缆	0.8～1.0	10kV以下电力电缆最小覆土厚度可在0.8m，35kV则应在1.0m以上
电信电缆管线	0.8～1.0 0.8～1.4	直埋电信电缆如铅装可在0.8m；如系铝皮应在1.0m，管道一般考虑冰冻深度，不小于0.8m
供水管线	0.8～1.2	同煤气管线
雨水管线	0.7	只有在考虑了外部荷载许可的情况下，才可按0.7m覆土厚度考虑
污水管线	0.7	同雨水管线

（2）施工重难点

① 道路作业范围内管网复杂、多死角，机械可操作空间小，机械施工对交通影响较大，且管网埋置深度不明确，交叉较多，不宜采用机械设备开挖勘探，主要采取人工开挖、机械配合作业的方式进行施工。

② 施工路段是主城区主要干道之一，车流量及人行通过量较大，维护行人、车辆交通安全难度比较大，合理分流车辆和行人通行成为本工程的难点之一。

③ 实施地处于市中心区域，文明施工要求高，施工过程中噪声控制是难点。

④ 探坑开挖后至正式施工有一定间隔期，探坑周边安全防护，确保施工安全是重点。

⑤ 人工开挖机械配合开槽勘探施工，进度比较缓慢，给施工工期带来一定难度。明开槽挖出的余方弃置外运亦成为施工过程中的难点之一，合理安排土方外运成为本工程的重中之重。

（3）施工准备

① 熟悉地下管线资料，结合现场实际情况，大概明确原地下管线平面位置。

② 对每路段原地下管线进行走访调查，可通过现状井盖明确管线类型及管线大致走向。

③ 在开始探坑施工前，先做好原始资料痕迹记录，并拍摄现状照片。

（4）流程

根据现状管线情况确定设计初稿→施工单位开挖→根据开挖情况调整设计→定稿。

（5）探坑开挖

按照前期管线勘探和地下管线原始资料整理收集情况，对全线12处地点进行探坑开挖，开挖情况及勘探成果见表 4-4、图 4-6。

昆明市东风路道路恢复提升工程探坑开挖进度及探明情况表　　表 4-4

探坑号	位置	探明情况	探坑号	位置	探明情况
1号探坑	东风路与昆师路交叉口北侧人行道和非机动车道	已探明燃气管一根	7号探坑	东风路与白塔路交叉口南侧非机动车道	已探明自来水管一根、弱电管一根
2号探坑	东风路与白云路交叉口北侧非机动车道	已探明强电管一根、自来水管一根	8号探坑	东风路与环城东路交叉口南侧非机动车道	1号坑已探明弱电管一根 2号坑已探明自来水管一根 3号坑已探明弱电管一根
3号探坑	东风路与如安街交叉口北侧非机动车道	已探明污水管一根、弱电管一根、自来水管一根	9号探坑	昆明三机厂南侧非机动车道	已探明燃气管两根、污水管一根
4号探坑	东风路与五一路交叉口北侧非机动车道	东幅已探明自来水管一根，西幅探明弱电管两根	10号探坑	鑫玉苑小区门口北侧非机动车道	已探明自来水管一根
5号探坑	护国大厦门口北侧非机动车道	已探明弱电管一组、自来水管一根	11号探坑	东风路与朝虹巷交叉口南侧非机动车道	已探明自来水管一根
6号探坑	恒隆广场对面北侧非机动车道	已探明弱电管两根及明通河标高、水位	12号探坑	东风路与金马立交交叉口北侧非机动车道	已探明自来水管一根

（a）探坑情况一　　　　（b）探坑情况二　　　　（c）探坑情况三

图 4-6　探坑情况

3. 沟槽开挖

本项目沟槽开挖深度为 1.30~4.54m，采用人工开挖、机具辅助的方式进行。对于开挖沟槽附近无障碍物、具备工作面的，采用放坡开挖，坡比根据地质情况以及开挖的深度确定。

(1) 施工准备

① 施工前充分做好各项准备工作,包括控制测量工作、原材料检验工作等,施工用水、施工材料等统筹安排。

② 施工前做好各分部分项工程技术交底工作。

③ 根据本工程特点,配备12台挖掘机进行管道沟槽土方开挖,因施工场地受限无法即挖即运,为保证施工进度,需采用装载机转运土方至施工场地宽阔地段(平均转运距离500m)集中堆放外运处理。人工开挖时配备足够铁锹(尖、平头两种)、十字镐、手推车等施工工具,合理安排机械及人员,组织施工。

④ 混凝土采用商品混凝土,厂家提供原材料出厂合格证、检验报告、开盘鉴定、混凝土配合比通知单等资料,确保混凝土质量达到要求。配备足够数量振动棒、平板振动器振捣混凝土。

⑤ 进场人员做好安全教育,确保满足安全文明施工要求。

(2) 测量放线

① 管槽开挖测量放线工作,采用GPS或全站仪进行测量放线工作,在校核控制点后,首先测量原路基高程是否有偏差,整理数据,计算开挖深度。

② 管槽开挖工程土壤类别为三类土,边坡坡比为1:0.33,在雨期施工时,可放大一级进行开挖,根据路基顶高程,计算出开挖顶面宽度,并用白灰或其他颜色鲜明材料撒出开挖边坡线。根据图纸测量放线,并根据实测高程计算开挖深度,用灰线撒出开挖边坡线。

(3) 雨污水钢筋混凝土管、HDPE波纹管沟开挖

① 开挖管槽时严格控制中线高程,土方开挖不得超过基底标高,管槽开挖后应尽量减少对基底土层的扰动。

② 沟槽开挖必须按照设计横断面自上而下开挖,遵循严禁超挖的原则,开挖土方时对于纵断面先从低处开挖,形成一定坡度利于排水。

钢筋混凝土管沟断面见图4-7。

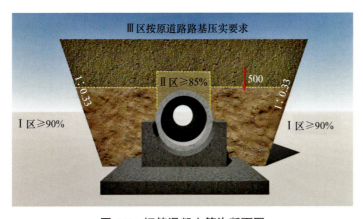

图4-7 钢筋混凝土管沟断面图

（4）电力涂塑钢管管沟开挖

① 排管基槽开挖，以电力管的连接、地基施工和回填作业所需的最小间隔为开挖宽度；排管基底需整平夯实，使放在其上的管枕（托架）能保持连续平直，纵向排水坡度不宜小于0.2%。

② 开挖中，保留基本的设计标高以上0.2～0.3m的原状土，待铺管前用人工开挖至设计标高，扰动土采用人工夯实，压实度不小于90%。开挖出来的料渣应该及时清理出场；不能及时清理出场的，堆土必须距基坑边缘大于0.8m，堆高不超过1.5m。沟槽边设30cm×30cm排水沟、每隔15m设50cm×50cm集水坑，集水坑内汇集的雨水及地下水及时用水泵抽除。

③ 由于原土质较差，为流塑状态，在基坑底两侧打入木质短桩或工字钢与横隔板，隔板后面设置2～4排沙袋护坡。其中木桩桩长7m，间距0.3m，横隔板厚50mm。

④ 管道沟槽开挖应根据设计图纸开挖至设计深度后检验地基承载力，若不满足设计要求，则继续开挖，超挖后检验地基承载力，然后设计回填材料，压实度必须达到设计要求。当遇有软土、回填土等不良地基时，应做地基处理。

排水管道与电力管道同槽开挖示意及支护大样图见图4-8、图4-9。

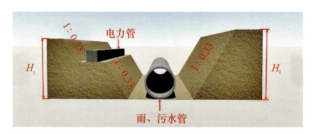

图4-8　排水管道与电力管道同槽开挖示意图
H_t—电力管基坑深度

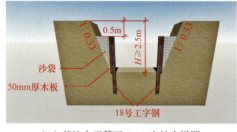 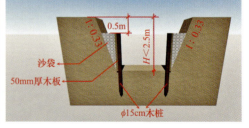

（a）基坑大于等于2.5m支护大样图　　　（b）基坑小于2.5m支护大样图

图4-9　支护大样图
H—基坑深度

4. 管线安装

（1）排水工程

1）施工工艺流程

测量放线→沟槽开挖及支护→管道基础施工→管道安装→附属结构施工→闭水试验→土方回填

① 测量放线

根据相关单位提供材料及现场提供位置情况对控制点及管道中线进行复测，对管道中心线及管道标高控制线进行测量放样，并将结果报送监理工程师核查，作为施工放样的依据。管道标高放样后必须进行二次复测，施工过程中严格控制管道的坡度。

② 沟槽开挖及支护

本项目沟槽开挖深度为1.30~4.54m，采用机械开挖、人工辅助的方式进行。对于开挖沟槽附近无障碍物、具备工作面的，采用放坡开挖（图4-10、图4-11），坡比根据地质情况以及开挖的深度确定。对于部分不具备工作面的沟槽采用钢板桩支护开挖。开挖时要严格按照施工规范要求，对沟槽标高进行测量，不得超挖。开挖中，保留基本的设计标高以上0.2~0.3m的原状土，待铺管前用人工开挖至设计标高，扰动土采用人工夯实，压实度不小于90%。开挖出来的料渣应该及时清理出场；不能及时清理出场的，堆土必须距基坑边缘大于0.8m，堆高不超过1.5m。沟槽边设30cm×30cm排水沟、每隔15m设50cm×50cm集水坑，集水坑内汇集的雨水及地下水及时用水泵抽除。

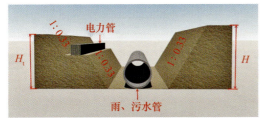

图4-10　与电力管同槽开挖

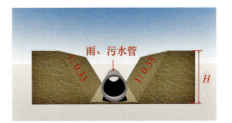

图4-11　放坡开挖

管道沟槽开挖应根据设计图纸开挖至设计深度后检验地基承载力，若不满足设计要求，则继续开挖，超挖后检验地基承载力，然后设计回填材料，压实度必须达到设计要求。当遇有软土、回填土等不良地基时，应做地基处理。

③ 管道基础施工

A　钢筋混凝土排水管基础

a　本工程设计采用钢筋混凝土管120°混凝土管基。

b　基础为10cm碎石垫层，加C15混凝土管基（图4-12）。

c　钢筋混凝土承插管下两层混凝土基础C_1、C_2可同时浇筑，本排水工程所有管基均分开浇筑，第一层混凝土垫层施工完毕，管道安装后再浇筑第二层混凝土，且第一层混凝土表面应拉毛并冲洗干净。

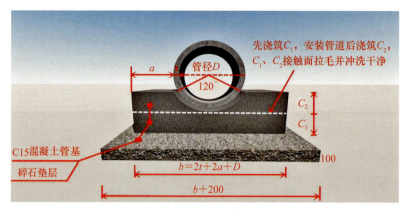

图 4-12 120°混凝土管基断面图

a—混凝土管道至混凝土基础边的距离；b—垫层宽度；t—混凝土管道壁厚

B HDPE 管基础

HDPE 排水管道采用砂垫层基础，厚度为 20cm，砂垫层回填后采用打夯机人工夯实。按设计要求回填 20cm 粗砂，土中不得含有机质、冻土以及大于 50mm 的砖、石质硬块，压实度不得小于 90%。管道基础的接口部位应预留凹槽以便接口操作。接口完成后，随即用相同材料填筑密实。

④ 管道安装

A 钢筋混凝土管安装

a 下管以施工安全、操作方便为原则，根据工人操作的熟练程度，设专人指挥，以确保施工安全。起吊管子的下方严禁站人，超重机不得在架空输电线路下工作。人工下管时，槽内工作人员躲开下管位置。

b 超重机下管时，事先与起重人员或起重机司机一起勘察现场，根据沟槽深度、土质、环境情况等，确定起重机距槽边的距离、管材存放位置以及其他配合事宜。起重机进出路线事先进行平整，清除障碍。

c 绑（套）管子找好重心，以使起吊平稳。管子起吊速度均匀，回转平稳，下落低速轻放。管道放稳在平基上后，特别注意管道轴线位置和管道高程控制。

d 承插式钢筋混凝土（Ⅱ级）管连接采用橡胶圈接口（图 4-13）。

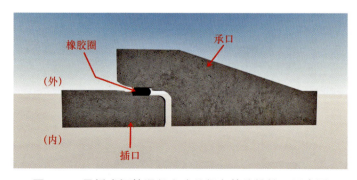

图 4-13 承插式钢筋混凝土（Ⅱ级）管连接接口示意图

a）承插式接口在铺设前，先将管节的承口内表和插口的外表用钢丝刷把油污、杂物清除干净，按管径规格选用相应的橡胶密封圈，并套入插口槽内，要求做到四周均匀、平顺、无扭曲，在橡胶圈表面和前节管子的内表涂抹防水涂料，以防渗水。

b）在已安装稳固的管子上拴上钢丝绳，在待拉入管子承口处架上后背横梁（由槽钢、方木、橡胶垫组成）。

c）把后背横梁两端套好钢丝绳和吊链，连好绷紧、对正，这时两侧同步拉动两个吊链，当插口头顶到承口止推槽时，胶圈刚好到止胶台处。

d）管座混凝土。管道安装一个井段后即可开始支模浇筑管座混凝土，待混凝土达到 2.5MPa 后方可拆模。

e）在管道安装完成后，钢筋混凝土承插管接口处采用水泥砂浆封堵接口。

B　HDPE 管安装

a　现场管材由人工搬运，搬运时轻抬轻放。

b　下管前，凡规定需进行管道变形检测的断面管材，预先量出该断面管道的实际直径并做出记号。

c　采用人工配合管带的方式进行下管。人工下管时，由地面人员将管材传递给沟槽内的施工人员，保持管身平衡、均匀，溜放至沟槽内，严禁将管材由槽顶边滚入槽内。

d　将管材插口顺水流方向、承口逆水流方向安装、安装由下游往上游进行。为防接口合拢时已排设管道轴线位置移动，采用稳管措施。具体方法为在编织袋内灌满黄沙，封口后压在已排设管道的顶部，其数量视管径大小而异。管道连接后，复核管道的高程和轴线位置使其符合要求。

e　管道敷设后，受意外因素影响发生局部损坏时，应采取补救措施。当损坏部位的长或宽不超过管周长的 1/12 时，可采取修补措施。

f　钢带增强聚乙烯（PE）管螺旋波纹管接口为热收缩套接口（图 4-14），具体施工工序如下：

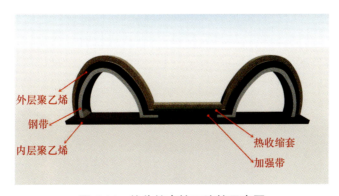

图 4-14　热收缩套接口连接示意图

a）检测待接管两端是否平整，合拢间隙应小于 1.5mm；

b）架空两待接管端部，将热收缩套穿套在两待接管一端，离端面距离大于 50cm；

c）对接端面 12cm 范围内用专用钢丝刷打磨粗糙并擦拭干净；

d）对齐管轴线位置，焊接定位；

e）连接管对接处预热，表面温度为 40～50℃，在连接处缠绕并同时烘烤加强纤维热收缩带并使其搭接牢固；

f）预热待接管两端，表面温度为 40～50℃，移动热收缩套至另一端打磨面内，去掉其内防护纸层，使热收缩套与波纹管同心；

g）对热收缩套中间沿四周方向均匀加热使其完全收缩后再分别向两端延伸，使两端热熔胶充分融化；

h）热收缩套接口完成后，冷却时间约为 15min，再进行下道工序。

⑤ 附属结构施工

A 本工程雨水检查井共 122 座，污水检查井 192 座，井身均为现浇钢筋混凝土结构，主体结构混凝土强度等级为 C25P6，下设 10cmC10 混凝土垫层及 5cm 碎石垫层。

B 盖板为预制盖板，检查井盖板采用重型盖板，布设于人行道及非机动车道时采用轻型盖板。检查井盖采用可调节防沉降井盖。位于行车道的井盖，井顶标高应与道路路面标高一致。

C 井脖子不得使用砖砌，宜采用预制混凝土圈，可根据施工现场进行调整，设沉泥槽的检查井沉泥槽深度为 0.5m。

D 排水管道与其他综合管网相交时，应遵循"有压让无压"的原则，当高程冲突无法避让时，采用交汇井穿过，交汇井做法参照检查井设计图。

E 检查井基础下层钢筋保护层为 35mm，其余为 30mm，下设混凝土垫块保证保护层厚度，钢筋采用双面搭接焊，焊接长度不小于 5d（d 为钢筋直径）。

⑥ 闭水试验

A 管道及检查井的外观质量及"量测"检验均已合格；沟槽内无积水，全部预留孔洞应封堵，不得漏水，之后开始进行闭水试验（图 4–15）。

B 管道带井闭水试验需由监理单位、建设单位、施工单位共同参加。

C 管道闭水试验控制点：所试验管段按井段分隔，带井试验；管道及检查井外观质量验收合格，质检资料齐全；管道两端砌砖封堵，用 1：2 水泥砂浆抹面，必须养护 3～4d，达到一定强度后，再向闭水段的检查井内注水，试验水头应以试验段上游管顶内壁加 2m 计，注水过程中同时检查管堵、井身，无渗水和严重洇水，再浸泡管线 1～2d 后进行闭水试验；将水灌至规定的水位，开始记录，对渗水量的测定时间应不少于 30min，根据井内水面的下降值计算渗水量，渗水量不超过规定的允许渗水量即为合格。

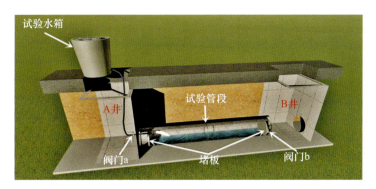

图 4-15 闭水试验示意图

⑦ 土方回填

A 混凝土管道及铸铁管道沟槽回填:沟槽灌满中粗砂至管顶 50cm,管顶以上 50cm 的回填采用原土;管顶以下 50cm 以及管道两侧范围内采用人工夯实,管顶 50cm 以上部分采用机械碾压,分层厚度不大于 20cm;分段回填时,每层接缝处做成斜坡形,上下错缝距离不小于 1m;对于管道接口等位置使用木锤等特殊工具夯实。

B 波纹管沟槽回填:管径大于 800mm 的柔性管道,回填施工时应该在管内设置竖向支撑,回填从管底到管顶以上 50cm 范围内采用人工从管道两侧对称回填,确保管道以及构筑物不产生位移,必要时采取对挤限位措施;管顶 50cm 以上范围内采用机械沿着管道轴线两侧同时回填、压实,每层回填高度不应大于 200mm。

C 管道位于车行道下,铺设后即修筑路面或管道位于软土地层以及低洼、沼泽、地下水位高的地区时,沟槽回填应先用中粗砂将管底腋角部位填充密实。

D 井室周围的回填压实应与管道沟槽的回填同时进行。不便同时进行时,应留台阶状接槎,回填材料压实后应与井壁紧贴。

2) 质量验收要求

① 管道的检查井砌筑应灰浆饱满、灰缝平整、抹面坚实,不得有空鼓、裂缝等现象。

检验方法:观察检查,用小锤敲击。

② 检查井的允许偏差应符合规定。

③ 闸、阀启闭时应满足在工作压力下无泄漏。

检验方法:观察检查。

④ 管道焊缝应饱满、表面平整,不得有裂纹、烧伤、结瘤等现象,并按设计要求做探伤检测。

检验方法:观察检查,检查检测报告。

⑤ 管口粘接应牢固,连接件之间应严密、无孔隙。

检验方法：观察检查。

3）注意事项

① 各种施工机械应制定相应的、详细的操作规程并严格执行，夜间作业必须保证足够的照明设备。

② 在高压线下施工时，确保施工机械与高压电线保持安全距离，派专人旁站，避免触电。

③ 管道安装应采用专用工具起吊，装卸时应该轻拿轻放，运输时应平稳、绑牢，不得相互撞击。

④ 管节堆放应该选使用方便、平整、坚实的场地，堆放应平稳，层高符合有关规定，使用管节必须从上而下搬运。

⑤ 管道安装时，还应随时清扫管道中杂物，管道暂时停止安装时，两端应临时封堵。

⑥ 雨期施工应该做好槽边雨水径流疏导路线的设计，应有槽内排水及防止漂管事故的应急措施，雨天不得进行接口施工。

⑦ 对于沟槽的支撑应该经常检查，发现支撑构件有弯曲、松动、移位或者劈裂现象时应及时处理，尤其是雨季应加强检查。

（2）给水工程

1）施工工艺流程

测量放线→沟槽开挖、验槽→下管、稳管→接口→检查井施工→水压试验→沟槽回填

① 测量放线

根据相关单位提供材料及现场提供位置情况对控制点及管道中线进行复测，对管道中心线及管道标高控制线进行测量放样，并将结果报送监理工程师核查，作为施工放样的依据。管道标高放样后必须进行二次复测，施工过程中严格控制管道的坡度。

② 沟槽开挖、验槽

管道沟槽底部开挖宽度按管道结构外缘宽度、管道两侧工作面宽度、管道支撑厚度、横板厚度（有模板支撑时）综合确定。

验槽前，基底标高、坡度、宽度、轴线位置、基底土质必须符合设计要求。

③ 下管、稳管

A 管材吊装

采用两点法吊装，平起平放。吊具与管子内衬接触应垫缓冲垫，以防吊具将内衬损伤。起吊时吊绳长度要足够，吊点处绳间夹角小于60°为宜。

B 管材运输

管底部要有弧形垫木，垫木与管子之间垫有橡胶垫，同时用钢丝绳将管子固

定在车厢上，用紧线器或捯链将钢丝绳拉紧，防止运输途中管子移动。

钢丝绳与管子之间应垫有软垫，或将捆绑用的钢丝绳套胶管，保护管外防腐涂层。管子前端与车厢间垫方木，防止运输途中管子前窜碰撞。

C　下管

采用起重机配合人工下管，将匹配好的管节下到铺好的砂垫层的槽内，将印有厂家标记的部位朝上，利用中线桩及边线桩控制管线位置，就位后应复核中线位置，复测标高准确无误后，进行对口。管子要均匀地铺放在砂垫层上，接口处要自然形成对齐，垂直方向发生错位时，应调整砂垫层，使之接口对齐，严禁采用加垫块或起重机掀起的方法，以免引起管道的初应力。严禁在管沟中拖拉管道，必须移位时应利用吊装设备进行，防止损坏管外防腐层。

④ 接口

刚性接口管道安装一般由密封填料和嵌缝材料两部分组成：

A　密封填料

a　填料配制：石棉水泥应在填打前拌和，石棉水泥的重量配合比应为石棉30%，水泥70%，水灰比宜小于或等于0.2；拌好的石棉水泥应在初凝前用完；填打后的接口应及时潮湿养护。

b　管道接口：刚性接口填打后，管道不得碰撞及扭转。采用油麻石棉水泥刚性接口时，稳管距已完成的刚性接口最近距离为3个接口；采用胶圈石棉水泥接口时稳管距已完成的刚性接口最近距离为2个接口。

c　用石棉水泥作接口外层填料时，当地下水对水泥有侵蚀作用时，应在接口表面涂防腐层。

B　嵌缝材料

a　油麻嵌缝：油麻填打时，需将麻拧成麻辫，其麻辫直径约为接口环向间隙的1.5倍，长度有50~100mm的环向搭接，然后用特制的麻凿打入。套管（揣袖）接口填打油麻时，一般比普通接口多，填1~2圈麻辫。第一圈麻辫宜稍粗，不用捶打，将麻塞填至距插口端约10mm处为宜，以防跳井（掉入管口内），第二圈油麻填打时不宜用力过大。

b　橡胶圈嵌缝：采用圆形截面胶圈作为接口嵌缝材料可称为半柔性接口。在管子插入承口前，先将胶圈套在插口上，插入管子并测量对口间隙，然后用铁牙将接口下方环形间隙扩大，填入胶圈，然后自上而下移动铁牙，用錾子将胶圈全部填入承口，第一遍先打入承口水线，再分2~3遍打至插口小台，每遍不宜使胶圈滚入太多，以免出现"闷鼻""凹兜"等现象。

⑤ 水压试验

A　试验要求

试验压力应满足相关规范与设计要求；且水压试验的管段长度不宜大于1000m。

B 堵头设置

a 试压堵板设计：水压试验时，管道两端设堵板封口，堵板应有足够的强度，保证试验过程中堵板本身不变形，如果试压后背为混凝土支撑，则堵板可用装上法兰堵板的短管与管道用刚性接口连接；如果后背为方木或型钢等支撑材料，为了消除支撑材料和土壁产生的压缩变形对接口严密性的影响，堵板与管端用柔性橡胶圈连接。

b 后背：用方木纵横交错排列紧贴于土壁上，用千斤顶支撑在堵头上。对于大型管道可用厚钢板或型钢作后背撑板。千斤顶的数量可根据堵头外推力的大小，选用一个或多个千斤顶支撑。后背必须紧贴后座墙，如有空隙用砂子填实。当后背土松软时，可采取加大后背受力面积，浇筑混凝土墙、板桩、换土夯实的方法进行加固；也可采用钢板桩支撑方式。

C 灌水升压

管道水压试验前灌满水后，有水泥砂浆衬里的，对管段浸泡48h以上，没有水泥砂浆衬里的浸泡24h以上。浸泡的水压不超过管道的工作压力。

试压时，应缓缓地升压，每次升试验压力的20%，排气阀打开进行排气，检查后背及接口处、支墩的安全性，确认安全无异常后继续升压，升至试验压力的70%，升压过程中若发现弹簧压力表针摆动、不稳，且升压速度慢时，检查排气阀处是否排气不完全，重新排气后，方可继续升压。当打开放气阀溢出不含空气的水柱时，可进行强度和严密性试验。

D 试验观测

a 强度试验：管道强度试验在水压升至试验压力后，保持恒压10min，检查接口、管身，无破损及漏水现象时，管道强度试验确认合格。

b 严密性试验：试验管体及接口不得有漏水现象，并可采用放水法或注水法试验测渗水量。

对于管径小于或等于400mm的铸铁管，且试验管段长度小于或等于1km的管道，在试验压力下，10min降压不大于0.05MPa且无漏水现象时，可视为严密性合格。

⑥ 沟槽回填

管沟放坡开挖完成后，管底基础大于或等于1500mm的（或放坡角度在120°范围内的）采用中、粗砂进行基础回填，并分层夯实，压实后每层厚度应达到100～200mm；管顶以上500mm，且不小于一倍管径处使用符合要求的中、粗砂回填；管顶以上500～1000mm使用原土分层回填（图4-16）。

2）质量验收要求

① 支护设施应安全、可靠。

检验方法：对照施工方案现场检查。

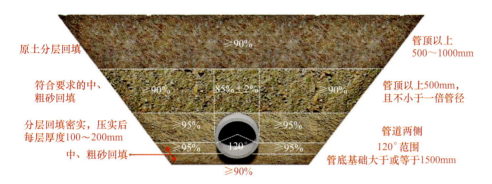

图 4-16 沟槽回填土要求

② 基坑回填应满足设计要求或规范规定的密实度要求。

检验方法：检查施工记录。

③ 闸、阀启闭时应满足在工作压力下无泄漏。

检验方法：观察检查。

④ 管道焊缝应饱满、表面平整，不得有裂纹、烧伤、结瘤等现象，并按设计要求做探伤检测。

检验方法：观察检查，检查检测报告。

⑤ 管口粘接应牢固，连接件之间应严密、无孔隙。

检验方法：观察检查。

3）注意事项

注意事项同 4.2 地下管线工程中"4. 管线安装"中"（1）排水工程"中"3）注意事项"。

（3）强电工程

1）施工工艺流程

测量放线→沟槽开挖→垫层浇筑→管材敷设→浇筑包封混凝土→井室结构施工→电阻试验→沟槽回填

① 测量放线

A 测量前先复核水准点，符合规范要求。轴线测设，根据设计图测设管道中心线和电力井中心位置，设立中心桩。管道中心线和井中心位置经监理复核后方可在施工中使用。根据施工管道直径大小，按规定的沟槽宽定出边线，开挖前用白粉画线来控制，在沟槽外窨井位置的两侧设置控制桩，并记录两桩至井中心的距离，以备校核。

B 若管道线路与地下原有构筑物交叉，必须在地面上用标志标明位置。定线测量过程应做好准确记录，并标明全部水准点和连接线。

C 根据图纸和现场交底的控制点，进行管道和井位的复测，做好中心桩、方向桩固定井位桩的验桩、拴点工作，测量高程闭合差要满足规范要求。

② 沟槽开挖

A 开挖沟槽时，应合理确保开挖顺序、路线及开挖深度，然后分段开挖，开挖边坡及工作面宽度应符合有关规范规定。管道槽底部根据工作面需要加宽30～60mm。

B 开挖前应向机械操作工详细交底，其内容包括挖槽断面、堆土位置、现有地下构筑物和管线情况及施工要求等；由专人指挥，并配备一定的测量人员随时进行测量，防止超挖或欠挖。当沟槽较深时应分层放坡开挖，分层厚度由机械性能确定。

C 开挖土方应由高处向低处开挖，在沟槽内及时设明沟排水并设集水井。检查井应同沟槽同时开挖。基坑开挖采用分段分层开挖法，分层深度依据设备性能及开挖设计深度确定。沟槽挖深3.5m以内（有条件时），采用放坡开挖；挖深超过3.5m时，上部放坡开挖，下部采用排板支撑开挖。基坑开挖自上而下分层依次施工，采用人工开挖或人工配合挖掘机开挖。

D 基坑开挖过程中，当遇有不良土质时，请监理工程师到现场进行踏勘并根据设计要求，对排管加扎钢筋网，以增加强度处理。

E 基坑挖至接近设计标高时，应至少保留20cm的土层不挖，待基础施工前，用人工清挖，并迅速报验。

③ 垫层浇筑

所有垫层均采用C15素混凝土，采用商品混凝土。混凝土由人工通过溜槽送至槽底，并进行摊铺找平，用水准仪控制高程，人工摊铺好后，顶标高应比设计高程高出2cm，然后采用平板振动器进行振实，四周用振动棒振捣。振捣过程中防止漏振、欠振。混凝土浇筑完毕终凝后方可进行穿管敷设。

④ 管材敷设

垫层浇筑完毕且终凝后先支设模板用于浇筑包封混凝土，模板支设完成后开始进行管节敷设。模板支设采用和垫层模板相同的工艺流程。

A 管节敷设前应进行现场检查，以确定管子的型号、承口内外径、质量等因素能否满足施工设计要求，如管节有缺陷，应进行修补或更换，经监理认可后方可使用。

B 经检验合格的管节提前运至沟边，人工利用溜槽将管节下至沟内，用经纬仪、水准仪控制管节的中心轴线及高程，经核对无误后进行管节敷设。管与管之间的净距为8cm（铺管时，通知监理工程师在现场进行监督，能及时发现施工过程中的质量问题，及时解决），一层管节敷设完毕后及时进行加固。

⑤ 浇筑包封混凝土

根据设计图纸要求，对已完成敷设的管道及管沟进行混凝土浇筑和包封，在包封前按照质检要求进行电阻试验。

⑥ 井室结构施工

A 施工顺序

电缆工井浇筑施工宜在电缆排管及电缆埋管施工完成后进行；严禁不置模板直接在土坑边浇筑混凝土。

B 施工技术控制要点

a 工井各出口本次未建电缆通道或排管的，需用MU10免烧砖和M5水泥砂浆砌筑240mm砖墙做临时封堵，内侧面抹10mmM5水泥砂浆面层；砌筑砂浆要求饱满，不得通缝。

b 电缆工井浇筑混凝土时应将混凝土振捣密实，不得出现蜂窝、麻面、狗洞。内壁拆模后表面应平整、一致；排管工井施工缝及管与沟壁、接地扁钢与沟壁的连接处的处理直接关系到电力管沟的防水、抗渗能力。

c 电缆通道施工结束后，应将所有埋、排管的管口用沥青麻丝封堵，并以M10水泥砂浆薄盖抹平；电缆通道挖掘土方时，应防止损坏地下设施，遇有特殊情况应立即与有关部门联系、会同前往解决。

d 与其他管道交叉时，施工单位应在竣工图上标明管道性质、大小、位置等。

e 10kV电缆通道的转弯半径不得小于1.5m；检查人孔井盖板埋深超0.5m的，均须配置人员出入爬梯。

f 电缆工井统一采用ϕ800mm防沉降重型井盖。根据现行《城市电力电缆线路设计技术规定》DL/T 5221、《电力工程电缆设计标准》GB 50217，规定电缆敷设允许弯曲半径为$R > 15D$，D为电缆外径，本项目电缆通道内敷设电压等级为10kV，敷设最大电缆截面为$3 \times 400mm^2$，$3 \times 400mm^2$电缆外径约为95mm，故电缆三通或四通井及预留口转弯点应满足如下要求：

$R > 15D$，D最大为95mm，则$R > 1.425m$，即$R > 1.5m$设置。

⑦ 电阻试验

沿电力管道外侧通长埋设一根50mm×5mm热镀锌扁钢作为接地干线。工作井内各角各设一根L50mm×5mm×1500mm热镀锌角钢接地极（3000mm×3000mm间距），接地电阻不大于10Ω。所有金属构件做好防腐防锈处理。

⑧ 沟槽回填

沟槽回填顺序，应按施工开挖顺序进行，两侧同时进行回填，防止管道移位。沟槽回填从管底基础部位开始到管顶以上0.5m范围内，用人工回填，严禁用机械回填碾压；管顶0.5m以上部位的回填，用机械从管道轴线两侧同时回填，夯实或碾压；用机械夯实不大于300mm，采用人工夯实不大于200mm；换填砂或石粉，应按规定分层用平板振动器或手扶轻型压路机压实；回填和夯实时避免碰撞管道以及工作井，细部构造处，如管道接口坑的回填必须仔细压实；每层回填和压实必须经过检验，合格后进入下一层的施工。

电缆通道沟槽开挖、回填严格按照相关路基施工规范执行；电缆工井及排管包封外沟槽回填料为 C25 混凝土，电缆排管间隙用与包封结构同强度等级混凝土充实；沟槽回填前清除沟槽内积水、砖、石等杂物；填筑时严格分层（每层厚度≤15cm）铺设夯实，每一层采用人工摊平。人工填筑时应夯夯相连，机械碾压时碾压重叠宽度不得小于 200mm。

2）质量验收要求

质量验收要求同 4.2 地下管线工程中"4. 管线安装"中"（2）给水工程"中"2）质量验收要求"。

3）注意事项

① 回填土应自下而上分层进行，基坑有支护时，回填土必须和支护结构的拆除协调一致，不得破坏支护结构。

② 电动夯实机具必须由电工接线与拆卸，并随时检查机具、缆线和接头，确认无漏电；使用夯实机具必须按规定配置操作人员，操作人员应经过安全技术培训，且人员相对固定。

③ 使用推土机向基坑内推土时，应设专人指挥。指挥人员应站在推土机侧面，确认基坑内人员已撤至安全位置方可向推土机操作工发出指令。

④ 用手推车、自卸汽车、机动翻斗车、装载机等向基坑内卸土时，基坑内人员必须位于安全位置，基坑边必须对车轮设牢固挡掩。

（4）交通照明及弱电工程

1）施工工艺流程

测量放线→管沟开挖→管线敷设→分线盒、分线井施工→沟槽回填

① 测量放线

根据监理工程师审批后的控制点进行现场加设控制点工作，采用全站仪按极坐标法测设基础位置，用水准仪测出地面标高。基础定位后经复核无误，增设护桩指导工作。

② 管沟开挖

本工程的电缆沟槽采用人工开挖。挖出的土放于电缆沟旁边，但不应使土掉入电缆沟中，挖出的土于敷设完电缆后回填。

③ 管线敷设

电缆管埋深要符合设计标准要求，管长符合要求便于后续接线工作，接头粘接牢固并做好防盗措施。

④ 分线盒、分线井施工

A 基础开挖

采用挖机开挖时，应由测量配合指导，尽量避免超挖、欠挖，挖机对基坑按大概深度、长度和宽度要求进行开挖，而后人工按设计尺寸标高进行修边并施作

雨天临时排水沟。若出现超挖不得使用弃土就地回填，应采用级配碎石或砂回填到设计标高。

B 砖砌体砌筑

a 砌砖前应核对基础顶面标高，并用水泥砂浆找平，使砖墙能在同一标高位置开始砌筑。根据轴线桩轴线位置，在做好的基础顶面，弹出墙身中心线及边线，同时弹出门洞口的位置。

b 在基础顶面放线位置试摆砖样，尽量使预留孔处符合砖的模数，偏差小时可通过调整竖向灰缝减少砍砖数量，并使砌体灰缝均匀、整齐，同时可提高砌筑的效率。

c 每砌十皮砖应进行一次墙面清理，当分线盒、分线井等基础砌筑完毕后，应进行落地灰的清理。待砂浆强度达到设计强度后在砌体顶部涂抹砂浆而后放上井环，井环位置调整好以后再用砂浆填补井环内外缝隙。

C 回填

砂浆强度达到设计强度后方可进行回填，确保不碰坏基础成品，力求对称、采用冲击夯压实。分层回填的夯实厚度不得大于20cm。用细土料回填，不得使用腐殖土或含有砖块等杂质的土料回填，控制好土料的含水量。

⑤ 沟槽回填

缆管沟槽待电缆线穿管铺设完毕与分线盒、分线井等一起回填。回填分层对称回填，松铺厚度控制在15cm以内，最多不得超过20cm。用打夯机夯实紧密，压实度达到设计及规范要求。

2）质量验收要求

电缆线路：

① 电缆敷设的最小弯曲半径应符合表4-5的规定。

电缆敷设的最小弯曲半径　　　　　　　　　　表4-5

电缆类型		多芯	单芯
塑料电缆	有铠装	12D	15D
	无铠装	15D	20D

注：D—电缆外径。

② 直埋电缆在直线段每隔50～100m处，电缆接头、转弯、进入建筑物等处，应设置明显的标志牌。

电缆线的埋设深度应符合：绿地、车行道下不应小于0.7m；人行道下不应小于0.5m；在冻土地区，应该敷设在冻土层以下；不能满足以上要求的时候按照设计要求敷设。

③ 电缆标志牌的装设应符合以下规定：在电缆线终端、分支处、工作井内

有两条及以上的电缆应设标志牌；标志牌上应注明电缆编号、型号规格、起止地点，标志牌应清晰不易脱落；标志牌规格应统一，材质防腐、经久耐用，挂装应牢固。

④ 电缆从地下或者电缆沟引出地面时应加保护管，保护管的长度不得小于2.5m。沿墙敷设采用抱箍固定，固定点不得少于两处。电缆上杆应加固定支架，支架间距不得大于2m。所有支架和金属均应热镀锌处理。

配电箱（柜、屏）：

① 配电箱（柜、屏）的基础型钢安装允许偏差应符合表4-6的规定。基础型钢安装以后，其顶部应高于抹平地面10mm，手车式成套柜应按照产品技术要求执行，基础型钢应有可靠的接地装置。

配电箱（柜、屏）的基础型钢安装允许偏差　　表4-6

项目	允许偏差	
	mm/m	mm/全长
垂直度	<1	<5
水平度	<1	<5
位置误差以及不平行度	—	<5

② 配电箱（柜、屏）单独或者成列安装的允许偏差应符合表4-7的规定。

配电箱（柜、屏）单独或者成列安装的允许偏差　　表4-7

项目		允许偏差（mm）
垂直度		<1.5
水平偏差	相邻两盘顶部	<2
	成列盘顶部	<5
盘面偏差	相邻两盘顶部	<1
	成列盘顶部	<5
柜间接缝		<2

③ 室外配电箱应有足够强度，箱体薄弱位置应增设加强筋，在起吊、安装过程中防止变形和损坏，箱顶应有一定的落水斜度，通风口应按防雨型制作。

④ 落地配电箱基础应采用砖砌或者混凝土预制，混凝土强度等级不得低于C20，基础尺寸应符合设计要求，基础平面高出地面200mm，进出电缆应穿管保护，并应留有备用管道。

⑤ 配电箱（柜、屏）内两导体间、导电体与裸露的不带电导体之间允许最小电气间隙及爬电距离应符合表4-8的规定；裸露载流部分与未经绝缘的金属体之间，电气间隙不得小于12mm，爬电距离不得小于20mm。

允许最小电气间隙及爬电距离　　　　表 4-8

额定电压（V）	电气间隙		爬电距离	
	额定工作电流		额定工作电流	
	≤63A	>63A	≤63A	>63A
$U \leqslant 60$	3.0	5.0	3.0	5.0
$60 < U \leqslant 300$	5.0	6.0	6.0	8.0
$300 < U \leqslant 500$	8.0	10.0	10.0	12.0

⑥ 配电箱（柜、屏）内的配线电流回路应采用铜芯绝缘导线，耐压等级不应低于 500V，截面不应小于 2.5mm^2，其他回路截面不应小于 1.5mm^2；当电子元件回路、弱电回路采用锡焊连接时，在满足载流量和电压降一级有足够机械强度的情况下，可采用不小于 0.5mm^2 截面的绝缘导线。

3）注意事项

① 施工区域与高压电线之间的距离应符合安全距离要求。

② 起重安装作业前须严格检查起重设备各部件的可靠性和安全性，并进行试运行，钢丝绳的安全系数应符合规定。

③ 起吊作业时指派专人统一指挥，起重工要掌握作业的安全要求，其余人员应分工明确。

④ 汽车式起重机作业地面应坚实平整，支脚支垫牢靠，作业时严禁回转半径范围内的吊臂下站人，严禁起吊的重物自由下落。

⑤ 夜间施工时，施工现场必须有足够的照明灯具，用于上下攀登的通道必须设足够的照明灯具。

⑥ 雨期施工时，应排除施工现场积水，长时间在雨季中作业的工程项目，应根据条件设挡雨棚。

⑦ 各种电气设备，符合一机一箱一闸一保的用电要求，危险场所及潮湿环境应使用安全电压。

4.3　道路工程

1. 路基施工

（1）新建路基

施工工艺流程：测量放线→路床清理→原状土基压实→基槽验收→检验原材料质量及土石比→分层铺筑→洒水→碾压或夯实→找平验收。

① 测量放线

在施工现场附近引入临时水准点，报监理审批，严格控制标高；在路基上撒白灰线确定开挖或填筑边线，方格网控制填料量，方格网纵向桩距不宜大于10m，横向应分别在路基两侧及路基中心设方格网桩；在两侧路肩边缘外设指示桩，在方格网内用白灰点控制自卸车倒土密度，以此控制每层的摊铺厚度。

② 路床清理

清除路基范围内的树根、草皮、混凝土垃圾等，将路基填筑基底范围内杂土等清理挖除，直至地基土满足要求为止，对不符合路基填料要求的土体，挖除后外运至指定的弃土场。

③ 原状土基压实及基槽验收

挖掘机开挖到距离设计路基底标高30cm时暂停开挖，采用人工开挖，避免超挖；开挖到设计标高后用不小于12t钢轮压路机进行原土基压实，自检合格后报项目部及监理验收。

路基必须做到密实、均匀、稳定，路槽底面土基应达到中湿状态，车行道土基回弹模量值应大于等于30MPa，不能满足上述要求时应采取换填等措施提高土基强度。施工时发现此类情况，应首先通知项目部管理人员进行现场确认之后再组织施工，发生的工程数量需进行现场签证处理。

④ 填料摊铺

每一层填料铺设之前，下层地面石灰打格，每个方格大小按照虚铺厚度铺满一车填料并标示松铺厚度；填筑应分层进行，通过挂线来控制厚度，可在路基边线位置树立路基填筑分层牌，注明位置、层数和标高等信息；土夹石填筑应全断面均匀摊铺，不得出现纵向接缝，不宜中断。当因故中断时，应设置横向施工缝，施工缝应采用搭接施工。

⑤ 整形及碾压

混合料摊铺完后，先用平地机初平和整形，再用轻型压路机快速静压1～2遍，然后检测高程、平整度和横坡度；对局部低洼处，采用人工将其表层5cm以上刨松并用新拌的混合料找补平整，再用平地机整形；初步整形后，检查混合料的松铺厚度，必要时应进行补料或减料；整形应按规定的坡度和路拱进行，并特别注意接缝处的整平，接缝处必须顺直平整。在整形过程中，严禁车辆通行。

碾压前应测定土的实际含水量，过湿应予以晾晒，过干应加水润湿，控制其含水量在最佳含水量±2%的范围以内；碾压采用重型压实，压路机重量不得低于18t；碾压时，各区段交接处应相互重叠压实，纵向搭接长度不小于2.0m，纵向行与行之间的轮迹重叠不小于50cm，上下两层填筑接头应错开不小于3.0m，两作业区段之间的衔接处纵向搭接拌合物长度不小于2.0m；碾压遍数、碾压组合根据试验段确定的参数进行；土夹石摊铺长度约50m时宜进行碾压，原则上以"先慢后快""先轻后重""先静后振""先低后高"为宜。在压实过程中应随时检查有无软弹、起皮、推挤、波浪及裂纹等现象，如发现上述情况，应及时采取处治措施。碾压（夯击）完成以后，立即测定其含水量和湿密度，计算干密度和压实度，判断是否符合表 4-9 要求。

路基压实度参考值　　　　　　　　　　　　表 4-9

路槽以下深度（cm）		机动车道（%）	人行道（%）
填方	0～80	≥95	≥90
	>80～150	≥93	≥90
	>150	≥92	≥90
挖方和零方	0～30	≥95	≥90
	>30～80	≥93	≥90

⑥ 横向接缝处理

两工作段的搭接部分，应采用对接形式。前一段摊铺后，留 5～8m 不进行碾压，后一段施工时，将前段留下未压部分，一起再进行拌和。

新建路基施工工艺示意见图 4-17。

（a）分层开挖　　　　（b）放坡　　　　（c）支护示例

（d）摊铺　　　　（e）整修路拱　　　　（f）碾压

图 4-17　新建路基施工工艺示意图

（2）路基换填

不同承载力的路基换填方式见表 4-10。

（3）路基补强

① 现状老旧混凝土路面注浆补强

通过现场检查确定是否需采用注浆措施进行处理，如新老板块搭接位置，沉陷、脱空、接缝传荷能力不足的底板处。在进行压浆孔布置后，制备浆液并采用压力压浆机或压浆泵进行压浆。压浆完毕，立即用木楔封住压浆孔，待浆体初凝后除去木楔，以高强度等级砂浆封孔。

不同承载力的路基换填方式　　　　表4-10

路基顶面情况	处理方式		
路基顶面弯沉值≤292（0.01mm）或路床底承载力≥120kPa	直接敷设63cm路面结构层		
路基顶面弯沉值＞292（0.01mm）或路床底承载力＜120kPa	继续向下开挖30cm检测，若弯沉值或承载力合格（≥110kPa）	开挖后无地下水	换填30cm土夹石（碎石60%）+63cm路面结构层
		开挖后有地下水	换填30cm碎石+63cm路面结构层；若地下水位较高、水量较大，可适当增加片石换填厚度，但须征得监理、设计、业主等各参建方的同意
	继续向下开挖30cm弯沉值或承载力不合格（＜110kPa），未达到检测要求，则向下再开挖30cm，再次检测弯沉值合格或承载力（≥100kPa）	开挖后无地下水	换填60cm土夹石（碎石60%）+63cm路面结构层
		开挖后有地下水	超挖20cm，换填60cm片石+20cm碎石+63cm路面结构层；若地下水位较高、水量较大，可适当增加片石换填厚度，但须征得监理、设计、业主等各参建方的同意

② 井室施工后的路基补强

为保证路面结构荷载稳定，本工程所有雨水、污水、电力井井身均为现浇钢筋混凝土结构，主体结构混凝土强度等级为C25，抗渗等级为P6，下设10cm厚C10混凝土垫层及5cm碎石垫层。

③ 沟槽开挖后的路基补强

针对部分老旧或破损的雨污水管道、给水管、弱电管、电力管等进行开挖更换，管道开挖回填要求、具体管位开挖位置及深度严格按照设计要求，见图4-18。

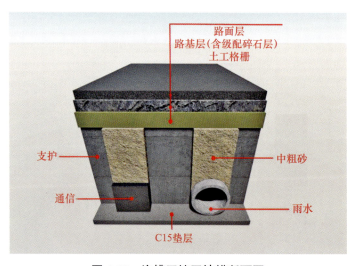

图4-18　沟槽开挖回填横断面图

(4)质量验收要求

① 土工合成材料

A 基本要求:

质量应符合设计要求,无老化、无污染。

应紧贴下承层,按照设计和施工要求铺设、张拉、固定;接缝搭接、粘结强度和长度应符合设计要求,上、下层土工合成材料搭接缝应交替错开。

B 实测项目见表4-11。

防裂工程土工合成材料　　　　　表4-11

项次	检查项目	规定值或允许偏差	检查方法和频率
1	下承层平整度、拱度	符合设计、施工要求	每200m检查4处
2	搭接宽度(mm)	≥50(横向);≥150(纵向)	抽查2%
3	粘结力(N)	≥20	

C 外观鉴定:土工合成材料无重叠、皱折不平顺等。

② 级配碎石底基层

A 基本要求:

应选用质地坚韧、无杂质的碎石、砂砾、石屑或砂,级配应符合要求。

配料必须准确,塑性指数必须符合规定。

混合料应拌和均匀,无明显离析现象。

碾压应遵循先轻后重的原则,洒水碾压至要求的密实度。

B 实测项目详见《城镇道路工程施工与质量验收规范》CJJ 1—2008,参考表7.8.3。

C 外观鉴定:表面应平整、密实,无松散,无粗细集料集中等现象。

③ 素混凝土基层

按照水泥混凝土面层的质量验收方法进行。

A 基本要求:

基层质量必须符合规定要求,并应进行弯沉测定,验算的基层整体模量应满足设计要求。

水泥强度、物理性能和化学成分应符合国家标准及有关规范的规定。

粗细集料、水、外掺剂及接缝填缝料应符合设计和施工规范要求。

施工配合比应根据现场测定水泥的实际强度进行计算,并经试验,选择采用最佳配合比。

接缝的位置、规格、尺寸及传力杆、拉力杆的设置应符合设计要求。

路面拉毛或机具压槽等抗滑措施,其构造深度应符合施工规范要求。

面层与其他构造物相接应平顺,检查井井盖顶面高程应高于周边路面1~3mm。

雨水口标高按设计比路面低5~8mm,路面边缘无积水现象。

混凝土路面铺筑后按施工规范要求养生。

B 实测项目详见《城镇道路工程施工与质量验收规范》CJJ 1—2008，参考表 10.8.1。

C 外观鉴定：表面应平整、密实，边角整齐，无裂缝等现象。

（5）注意事项

① 施工前对施工场地区域内存在的各种障碍物，如建筑物、管线、树木、路灯等进行拆除和清理，并在施工前妥善处理，确保施工安全。

② 所有施工人员必须佩戴胸卡、戴安全帽，严禁酒后上岗，严禁无关人员进入施工现场。

③ 在距离施工路段两头 150m、50m 处，复杂地段、临边、洞口需设置明显的安全警示标志牌、防护网、反光锥筒及限速标志等安全防护措施。

④ 施工现场机械要安置稳固，材料堆放整齐，用电设施安装触电保护器。

⑤ 推土装载机和挖掘机施工时要设专人指挥，以防砸伤人员和机械。

⑥ 夜间施工时应保证足够的照明并在施工围挡上悬挂警示灯。

⑦ 采取压缩场地的方式，运输车辆紧跟挖掘机步骤，前挖后装，并将废料渣土运输到指定弃土场，路段两旁如有大块石头，应集中堆放，不得占用通车路段。

⑧ 装卸、洒铺及翻动粉状材料时，操作人员应站在上风侧，轻拌轻翻减少扬尘。

⑨ 路面注浆完成后即对灌注区封闭，避免施工车辆和施工机械进入，但可以对注浆区进行灌封作业，灌封后须进行养生。

⑩ 旧路面挖除的地段应立即恢复好地面的平整，并做好适当压实工作。

2. 路基病害处治

（1）板底脱空的压浆处理

施工工艺流程：测量定位→探测管线→钻孔→安装注浆管→注浆作业→注浆效果检测→下一段注浆→结束注浆。

施工要点：

① 脱空空隙位置和管线位置的测定

通过现场检查和相关部门指认，确定脱空空隙位置和管线位置。

② 注浆孔布置

注浆孔大小应与注浆嘴的大小一致，压浆孔的布设应根据路面板的大小、沉降量、裂缝状况、压浆机械型号及注浆压力来确定，一般情况钻孔按 7 个孔布设。压浆孔距板边的距离为 80～100cm，以达到贯穿水泥混凝土板并深入水稳基层 10～15cm 距离的位置（约 60cm）为宜，原则上深度应尽可能大，但不得穿透基层。在新老路搭接位置、过街管与老路搭接处（板大于 1.5m）应预埋高压注浆管灌浆，预埋间距为 0.5m/ 根，防止因开挖扰动造成不均匀沉降，见图 4-19、图 4-20。

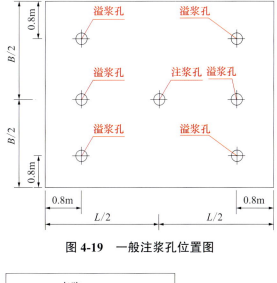

图 4-19　一般注浆孔位置图

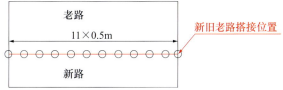

图 4-20　新老路搭接位置注浆孔位置图

③ 钻孔

用钻机钻孔时要始终垂直于路面板，向下压力要小于 1000N，以避免喷射孔附近的板底混凝土破碎脱落，深度要穿透稳定基层，但钻入土基的深度不得大于 6cm，同时底板破碎不超过 2cm。达到上述要求后，慢慢拔出钻杆，用高压水或压缩空气清除孔内杂物，便于浆液的初始分布。根据注浆布置位置正确安放钻机，钻机采用混凝土路面钻机取芯机。

④ 制浆

采取现场机械拌制。严格控制原材料参量，现场应配备符合要求的称重计量装置，水泥采用普通硅酸盐水泥，拌制水使用自来水。在加入原材料时需注意均匀、分散，每桶拌制 270s 左右，拌制时保证浆液均匀、无结块、无颗粒、无沉淀现象，制浆过程见图 4-21。

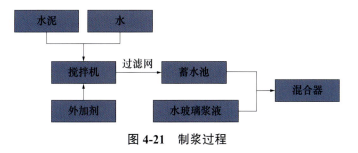

图 4-21　制浆过程

⑤ 压浆

采用压力压浆机或压浆泵进行压浆，压浆时应注意压浆嘴与压浆孔的紧密结合，使得压浆压力能控制在 2～5MPa 之间，初始压浆阶段可适当增加压力，后阶段逐渐降压调整至稳定压力，最后将注浆范围内的混凝土路面所有损坏的伸缩缝填缝料进行更换，并对裂缝进行封缝处理。

⑥ 封孔

压浆完毕，立即用木楔封住压浆孔，待浆体初凝后除去木楔，用高强度等级砂浆封孔。

⑦ 养生

注浆完成后即对灌注区封闭，避免施工车辆和施工机械进入，但可以对注浆区进行灌封作业，灌封后须进行养生。在灌缝料养生期间应封闭交通，灌缝路段开放交通的标准以填缝料不被车流带走或带出污染路面为准。养生 24h（24h 龄期抗压强度不小于 5MPa）后检测压浆效果。

⑧ 效果监测

压浆效果检测，采用落锤式弯沉仪 FWD 逐板检测板角处弯沉，不同荷载下弯沉曲线的截距小于 30μm、单点弯沉小于 0.14mm、相邻板块的弯沉差小于 0.06mm 时，质量合格，否则进行复灌，直至符合要求。

（2）施工缝处理

施工路段的施工缝病害主要表现为错台、龟裂、局部破损、接缝扩宽等，经研究针对不同病害形式采用图 4-22 所示的三种处理方案。

① 方案一：将病害范围内沥青铣刨至混凝土结构层处，用高压水枪或风机清理干净后涂刷防水涂料，安装钢片和钢丝网，最后铺筑沥青。

② 方案二：以施工缝为中心切割缝，然后铣刨至混凝土基层，并在中心位置切缝（宽 2cm、深 5cm），进行灌缝处理，再用 98cm 宽的防裂贴贴缝，加铺 1cm 玻纤格栅＋乳化沥青封层、透层，最后铺筑沥青压实处理。

③ 方案三：以施工缝为中心向两侧进行切缝，然后铣刨至混凝土基层，在处理好施工缝后，加铺 1cm 玻纤格栅＋乳化沥青封层、透层，最后铺筑沥青压实处理。

（3）截水沟处理

将现状截水沟盖板拆除后，破除沟盖板外侧沥青路面，破除宽度为 50cm，人工破除至原道路基层高度。再按照防沉降井盖施工工艺调整路面排水沟标高，来设置防沉降截水沟盖板。

（4）注意事项

① 严格按照交警批复的交通组织方案设置警示灯、限速牌、锥形桶、水马、公告牌等标志，务必保证道路行车和施工安全。

② 施工时制定严格纪律，严禁往相邻行车道抛扔杂物。

③ 运输和储存材料时，采取可靠措施防止材料漏失，污染环境。

④ 电气设备必须由专人负责，总、分配电箱均须有漏电保护装置，电箱做到防雨防水、门锁齐全。

⑤ 灰浆操作人员务必戴好防尘保护用品（捆紧裤口、袖口、领口），以免粉尘黏附皮肤。

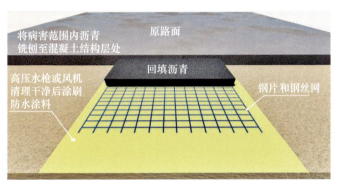

（a）方案一

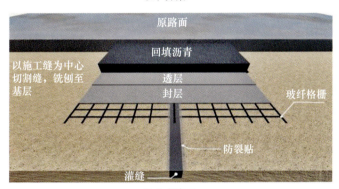

（b）方案二

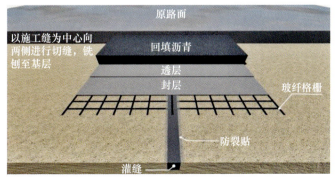

（c）方案三

图 4-22　施工缝处理方案

3. 防裂贴应力吸收层的施工

（1）材料要求

① 基质沥青：橡胶改性沥青采用符合《公路沥青路面施工技术规范》JTG F 40—2004 要求的 70 号 A 级沥青，其技术指标应满足相关要求。

② 橡胶粉：不得含有杂质，无污染，其成分指标和筛分规格应符合设计要求。

③ 橡胶沥青：技术指标应符合设计要求。

④ 集料：采用石质坚硬、清洁、不含风化、近立方体颗粒的碎石，应选用反击式破碎机轧制的碎石，其质量指标应符合现行行业标准《公路沥青路面施工技术规范》JTG F40 的规定。

（2）施工要点

① 基层清理：施工前应将基面的泥土、杂物以及灰尘清理干净（图 4-23）。

② 摊铺碾压：同步碎石封层车行至施工起点处，同步喷洒热沥青（采用与下面层相同的沥青）和石料，并迅速用轮胎压路机碾压（图 4-24、图 4-25）。铺筑后的表面不得有超粒径料拖拉的严重划痕，横向接缝和纵向接缝处不得出现余料堆积或缺料现象，用 3m 直尺测量接缝处的不平整度不得大于 6mm。

③ 面层铺设前的清理：应力吸收层铺筑完成后，应尽快铺筑沥青混凝土面层，在正式铺筑沥青面层前，应彻底清除热沥青碎石封层表面的污染物及松散颗粒。若热沥青碎石封层表面已污染，铺筑下面层前应洒布粘层油。

图 4-23　基层清理

图 4-24　沥青摊铺

图 4-25　轮胎压路机碾压

4. 沥青混凝土面层和周边道路搭接处的细部处理

（1）材料要求

① 防裂贴使用位置：新建板块间及与沥青路面搭接处；水泥混凝土板块与板块之间的接缝处；水泥混凝土板块与沥青路面相接处。

② 防裂贴规格的选用见表 4-12。

表 4-12

序号	路面裂缝宽度	选用的防裂贴规格及处理方式
1	1～3mm	≥ 24cm
2	>3～5mm	≥ 32cm
3	>5～19mm	清缝后使用密封胶填充，再使用≥ 48cm 的防裂贴
4	19mm 以上	清缝后用胶砂、密封胶或热沥青混合料填充并压实至现有高度，再使用 98cm 的防裂贴
5	50mm 以上	清缝后用胶砂或热沥青混合料填充并压实至现有高度，再使用 98cm 的防裂贴

（2）施工要点

① 基层清理：在清理好的基面上涂刷或者滚刷基面专用处理（清洁）剂，将基面上的残留粉尘固结，提高粘结效果。

② 粘贴：基面专用处理（清洁）剂表干后（以不粘手为准，一般 0.5h），即可铺贴防裂贴。铺贴之前应使用人工配合小型吹风机将基面灰尘清理干净，防裂贴以施工缝为中心线展开，隔离纸一面向下；随后，将防裂贴原地掀起一半，撕除下面的隔离纸向前铺贴，使防裂贴平坦地铺贴在原位置基面上；接着，按上述方法再施工另一半防裂贴。

③ 压实：防裂贴铺设完毕后，用沙包或轮胎压路机将防裂贴压密实。防裂贴搭接处，搭接宽度不要超过 25cm 且须压密实，使其粘结牢固。粘贴效果见图 4-26。

图 4-26　防裂贴粘贴效果图

（3）注意事项

① 施工前水泥混凝土路面必须干燥，基面潮湿及雨、雪天不得施工。

② 施工后，必须用沙包或轮胎压路机将防裂贴压密实，以防在摊铺沥青混凝土前雨水进入防裂贴粘合面。如果预计摊铺沥青混凝土之前要下大雨，应在防裂贴两侧用密封胶加以密封。

③ 气温低于 5℃时不宜施工。

④ 沥青混凝土摊铺时车辆不得在防裂贴上就地碾转掉头。

⑤ 当摊铺底层沥青混凝土时,可能会出现小量滑移,应及时修补。

⑥ 当铺贴防裂贴的部位,邻边高差大于1cm或坑洞较多时,需将该部位找平后再铺贴,防止铺贴在凹陷处的防裂贴受到重力后破坏。找平材料可用环氧砂浆或沥青混合料。

5. 沥青混凝土面层和周边道路搭接处的细部处理

(1) 施工要点

① 对于围挡内已铺筑粗、中沥青路段:

对已铺筑完成的玻纤格栅+稀浆封层、沥青路面与临时搭建围挡新建路面结构进行错缝搭接处理,具体处理方式为:铣刨宽60cm、深6cm中粒式沥青,宽30cm、深8cm的粗粒式沥青,宽30cm、深0.6cm玻纤格栅+稀浆封层,清理干净基层后,在基层纵向拉杆接缝位置粘贴防裂贴,再加铺1cm应力吸收层+8cm粗粒式沥青+0.6cm粘层(pc-3)玻纤格栅+6cm中粒式沥青,作为临时保通便道,后期再全线一并加铺细粒式沥青,见图4-27~图4-29。

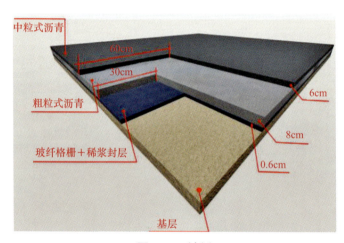

图4-27 铣刨

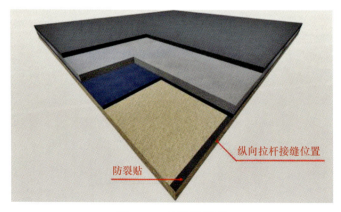

图4-28 粘贴防裂贴

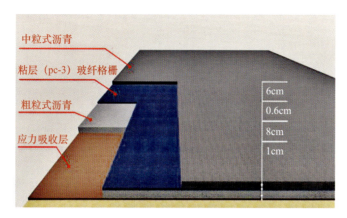

图 4-29 沥青回铺

② 对于围挡内未铺筑粗、中沥青路段：

先预留距离围挡内混凝土板块边 60cm 宽中粒式沥青和 30cm 宽粗粒式沥青（总宽 60cm）宽度，为下一围挡铺筑粗、中沥青时错台搭接处理预留空间；若预留 60cm 宽不能满足拆围挡后保通需求，则按照情况"① 对于围挡内已铺筑粗、中沥青路段"进行处理。

③ 因新老路面搭接处理所产生的工程量以现场监理、造价等实际计量为准。

（2）注意事项

① 施工现场设置安全标志，并不得擅自拆除。所有临时结构的施工设计必须安全，在施工前设计人员对操作人员要进行详细交底。

② 所有供电线路、配电机具、照明灯具旁设置醒目标志，配电箱、供电闸门加锁，保证安全。

③ 施工前清查地下管线的走向，运用机械进行开挖时，要严格保证在 1m 之外的距离工作。

④ 加强与气象、水文等部门的联系，及时掌握气象、风象和汛情等预报，做好防范工作。

6. 透水混凝土施工

施工工艺流程：测量放线→模板安装→基层处理→摊铺整平→养护→切缝。

（1）施工要点

透水混凝土浇筑之前，地下管线预埋结束，底基层、基层施工平整度和压实度经现场复测及取样试验满足设计要求，人、机、材全部落实到位，并跟踪天气情况，避开交通高峰期，进行透水混凝土浇筑施工。

① 测量放线

测放道路中心线及边线，同时对基层的标高、宽度、平整度、线位进行复核，经监理工程师检测合格后进行施工，见图 4-30。

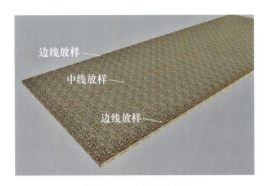

图 4-30 测量放线

② 模板安装

模板应选用质地坚实、变形小、刚度大的材料，模板的高度应与混凝土路面厚度一致；立模的平面位置与高程应符合设计要求，模板与混凝土接触的表面应涂隔离剂；透水混凝土拌合物摊铺前，应对模板的高度、支撑稳定情况等进行全面检查，严格控制模板的高度、垂直度以及泛水坡度，见图 4-31、图 4-32。

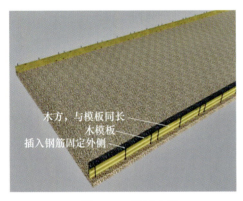

图 4-31 模板安装

图 4-32 浇筑厚度的控制

③ 基层处理

透水混凝土施工前应对基层进行清洁处理，处理后的基层表面应粗糙、清洁、无积水并保持一定的湿润状态，加强透水混凝土层与路基的连接。

④ 拌制与运输

透水混凝土根据已做试验配合比在厂家直接拌制，由于本项目透水混凝土的浇筑均在夏季，故运输采用密封货车，时间控制在 30min 以内，运输过程中不停留，随到随浇，见图 4-33。

⑤ 摊铺、浇筑成型

由于透水混凝土属于干性混凝土材料，初凝快，同时水分散发快，故摊铺要及时、迅速，并避开气温高于 30℃时段，见图 4-34。

透水混凝土拌合物摊铺时，以人工均匀摊铺，找准平整度与排水坡度，摊铺厚度应考虑其摊铺系数，根据规范要求及试验段确定，一般为1.1。

施工时对边角处要特别注意有无缺料现象，要及时补料进行人工压实，过程中采用抄平插杆挂线，见图4-35。

图4-33　随到随浇　　　　图4-34　摊铺　　　　图4-35　压实

透水混凝土宜采用专用低频振动压实机，或采用平板振动器振捣和专用滚压工具滚压，用平板振动器振捣时避免在一个位置上持续振捣，采用专用低频振动压实机压实时应辅以人工补料及找平，过程中应随时检查模板，如有下沉、变形或松动，应及时纠正，见图4-36~图4-38。

⑥ 养护

摊铺结束经检验标高、平整度均达到要求后，立即覆盖浸潮土工布进行养护，养护时间根据透水混凝土强度增长情况而定，不宜少于14d。期间透水混凝土面层不得行人、通车，养护期间应保护土工布的完整，当破损时应立即修补。

⑦ 切缝

当透水混凝土达到设计强度的70%时，可使用切缝机切缝，切缝后必须用水及时冲洗缝内的石粉积浆，保证缝内干净、无粉尘，并将表面的泥浆冲洗干净。

图4-36　碾压　　　　图4-37　碾压后效果　　　　图4-38　抹平

（2）质量验收要求

原材料由厂家购买，由施工方会同监理方委派代表驻厂进行监督及原材料验收取样工作：

① 水泥品种、级别、质量、包装，均符合国家现行有关标准的规定。

检查数量：同一生产厂家、同一等级、同一品种、同一批号且连续进场的水泥，袋装水泥不超过200t为一批，散装水泥不超过500t为一批，每批抽样1次。

检验方法：检查产品合格证、出厂检验报告和进场复验报告。

② 混凝土中掺加外加剂的质量符合现行国家标准《混凝土外加剂》GB 8076 和《混凝土外加剂应用技术规范》GB 50119 的规定。

检查数量：按进场批次和产品抽样检验方法确定。每批不少于 1 次。

检验方法：检查产品合格证、出厂检验报告和进场复验报告。

③ 集料采用质地坚硬、耐久、洁净的碎石和砾石，符合尺寸（4.75～9.5mm）、压碎值（＜15%）、含泥量（＜1%）等的规定。

检查数量：同产地、同品种、同规格且连续进场的集料，每 $400m^3$ 为一批。不足 $400m^3$ 按一批计，每批抽检 1 次。

检验方法：检查试验报告。

④ 透水水泥混凝土弯拉强度符合设计规定（C20：2.5MPa）。

检查数量：每 $100m^3$ 同配合比的透水水泥混凝土，取样 1 次（不足 $100m^3$ 时按 1 次计）。每次取样留置 1 组标准养护试件。

检验方法：检查试件弯拉强度试验报告。

⑤ 透水水泥混凝土抗压强度符合设计规定（C20：20MPa）。

检查数量：每 $100m^3$ 同配合比的透水水泥混凝土，取样 1 次（不足 $100m^3$ 时按 1 次计），每次取样留置 1 组标准养护试件。

检验方法：检查试件抗压强度试验报告。

⑥ 透水水泥混凝土透水系数达到设计要求。

检查数量：每 $500m^2$ 抽测 1 组（3 块）。

检验方法：现场取样试验，检查试验报告。

⑦ 透水水泥混凝土层厚度符合设计规定（230mm），允许误差为 ±5mm。

检查数量：每 $500m^2$ 抽测 1 点。

检验方法：钻孔或刨坑，用钢尺量。

⑧ 透水水泥混凝土板面平整，边角整齐，无石子脱落现象。

检查数量：全数检查。

检验方法：观察、量测。

⑨ 路面接缝垂直、直顺，缝内无杂物。

检查数量：全数检查。

检验方法：观察。

（3）注意事项

在成型后的路面周围设置围挡，布置彩旗，做明显标志，并专人值守，对产品进行有效保护。

7. 人行道板铺装

施工工艺流程：基层验收及处理→抄平放样→砂浆拌和摊铺→抹带→试铺→

透水砖铺贴→养护→成品保护→开放交通。

（1）施工要点

① 基层验收

透水混凝土基层应按规范及设计要求进行验收，验收合格后将基层清理干净，洒水润湿，但不得有明水。当局部标高达不到设计标高要求时，采用与基底同材料调平。基层构成见图4-39。

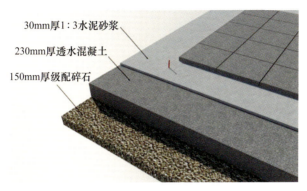

图 4-39　基层构成

② 抄平放样

按照设计轴线，划分6m×6m的方格网，使用全站仪将方格网精确投射于基层上，并使用墨斗弹线，根据现场弹好的线，将方格网4角位置的标高，按图纸要求冲筋。在方格内按线砌第一行样板砖，然后以此挂纵横线，纵线不动，横线平移，依次按线及样板砖砌筑。直线段纵线应向远处延伸，纵缝应直顺。曲线段可砌筑成扇形，空隙部分用切割砖填筑，也可按直线顺延铺筑，然后填补边缘处空隙。三线挂控示意见图4-40。

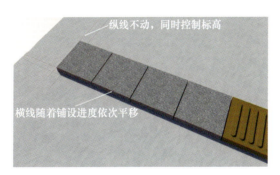

图 4-40　三线挂控示意图

③ 砂浆拌和摊铺

干硬性水泥砂浆按水泥：砂＝1：3的比例人工现场拌和，垫层砂应为半干中粗砂，用手捏握成团，松开后自然散开为合格。

按水平线定出砂浆虚铺厚度，即可铺筑砂浆，铺设厚度适当高出2～3mm，之后拍实、找平。

④ 抹带

透水砖底部靠边 $L/3$ 处（L 为透水砖宽度）抹水泥砂浆（水泥：砂＝1：2），抹带厚度根据实际情况调整，一般为 0.5～1.0cm 厚，见图 4-41。

图 4-41 抹带示意图

⑤ 试拼及试铺

铺设前对每一块透水砖，按方位、角度进行试拼，试拼后按两个方向排列，纵横向砖与砖之间的缝隙必须按线调缝。对不规则弧形边，现场临时放样进行调缝处理。

砖块放在铺贴位置上并对好纵横缝后用橡皮锤轻轻敲击板块中间，使砂浆振密实，锤到铺贴高度。

⑥ 透水砖铺砌

试铺合格后，翻开砖块，检查干硬性砂浆结合层是否平整、密实，增补砂浆后，将板块轻轻地对准原位放下，用橡皮锤轻击放于板块上的木垫板使板平实；透水砖底部按上述要求抹带完成后，在透水砖的两角，插入 5mm 的塑料卡，直接用橡皮锤轻轻锤击透水砖，使其两角与已铺设完成的砖对齐，面层与挂线平齐，接着向两侧和后退方向顺序铺贴，过程中应随时检查牢固性和平整度。正式铺设见图 4-42。

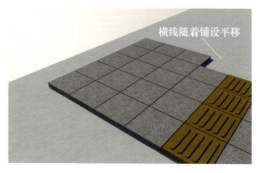

图 4-42 正式铺设

⑦ 养护

铺设完成以后及时清除表面的杂物、碎屑，面砖上不得有残留的水泥砂浆，成活 24h 后洒水养护 2~3d，期间不得扰动已铺装的透水砖，严禁非机动车通行，如特殊地段不能中断行人通行，必须待水泥砂浆终凝经检查无松动后开放行人慢行。完成效果见图 4-43。

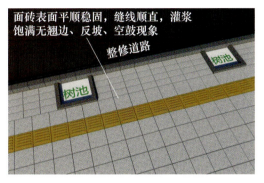

图 4-43 完成效果

⑧ 成品保护

已完工的透水砖面层，严禁车辆进入，必要时搭设木板做施工便道，并在四周设立杆围护（悬挂彩带、立警示牌、专人看护等），禁止任何车辆在铺装面行驶；禁止在铺装面施工其他项目，如切割、拌和砂浆、电焊等；禁止在铺装面使用发电机等机器，以免油污污染铺装面层，见图 4-44。

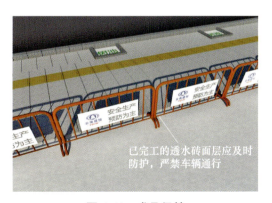

图 4-44 成品保护

（2）人行道收边收口细部处理

① 细部处理原因

老旧市政道路改造过程中，人行道板铺装、交通工程、管线工程、绿化工程施工完成后，边角处存在一定的收边收口问题需要处理，特别是监控、路灯、交通杆件安装好后法兰盘与人行道板间的高差需要进一步处理才能满足观感要求，见图 4-45。

（a）灯杆底部周边花砖破损　　　（b）灯杆底部与路缘石冲突

图 4-45　细部问题

② 原材料要求及施工准备

水泥：采用 42.5 级普通硅酸盐水泥。

砂：采用河砂、机制中砂，含泥量≤3%。

鹅卵石：2~4cm 黑白颜色的鹅卵石。

鹅卵石铺贴前，先做 1~2 个镶贴鹅卵石样板段，由建设单位及监理人员认可后，可开始大面积施工。

认真对操作班组进行技术交底，由专业工长、质检员监督弹好面砖切割线，控制切割质量。

③ 施工工艺

施工放样→地砖切割→杆件法兰盘及基层处治→干硬性水泥砂浆拌制及浇筑密实→鹅卵石镶嵌→洒水养护

施工放样：根据实际情况按设计要求对收边收口缺口及立杆基础周边进行放样画线，并用墨斗弹线规则画线。

地砖切割：使用切割机或小型手持切割机具按已标示的墨线进行切割，注意不得损坏已铺筑好的地砖或其他构筑物。

杆件法兰盘及基层处治：首先使用 PVC 管材套住杆件螺栓，并用黄油填塞 PVC 管套顶端对螺栓进行封闭，然后对基层进行检查，松散及损坏位置使用 M10 水泥砂浆修补完善。

干硬性水泥砂浆拌制及浇筑密实：先在清理好的地面上，刷一道素水泥浆，然后采用 1∶3 干硬性砂浆经充分搅拌均匀后进行坑塘回填施工并人工使用灰板拍实，注意砂浆铺设厚度应超过鹅卵石高度的 2/3。

鹅卵石镶嵌：干硬性水泥砂浆拍实整平后将鹅卵石按照要求植入干硬性砂浆上，用橡皮锤砸实。根据装饰标高，调整好干硬性砂浆厚度，从中间往四周铺贴。注意先按 3~4cm 黑色鹅卵石进行周边及图形的镶嵌，图形镶嵌完成后中间镶嵌 2~3cm 黑白相间的小鹅卵石。鹅卵石镶嵌效果见图 4-46、图 4-47。

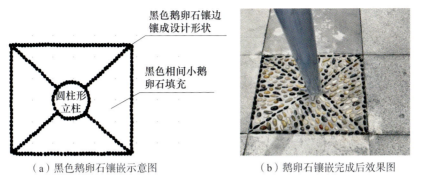

图 4-46 镶嵌示意一

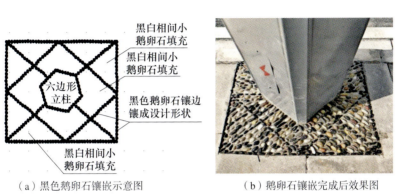

图 4-47 镶嵌示意二

在人行道板铺装过程中,当遇到与邻近建筑物交接处小于10cm,或局部搭接处很不规则,不适宜切割板进行铺装的情况下,采用2～3cm的鹅卵石进行镶嵌处理,见图4-48。

图 4-48 人行道板铺装鹅卵石镶嵌

④ 注意事项

鹅卵石镶嵌最容易引起脱落问题,嵌入砂浆过深,观感效果差,嵌入过浅,容易脱落。因此,鹅卵石的嵌入深度尤为重要。立铺时应将鹅卵石大面朝上,这样可使缝隙较小,完成后的路面效果比较好。平铺时,将鹅卵石比较平整的面朝上方,应错缝嵌入。

室外温度低于5℃时不能进行施工。鹅卵石施工完毕后应使用围挡进行保护并保湿养护，7天内禁止人行。

每一处独立图案的鹅卵石颜色一致，擦缝饱满与板齐平，洁净美观，鹅卵石块挤靠严密，缝痕通直无错缝，表面平整、洁净，图案清晰，无磨划痕，周边顺直方正。

（3）质量验收要求

1）主控项目

① 透水砖的透水性能、抗滑性、耐磨性、块形、颜色、厚度、强度等应符合设计要求。

检查数量：透水砖以同一块形、同一颜色、同一强度且以 20000m^2 为一验收批，不足 20000m^2 的按照一批计，每一批中应随机抽取 50 块试块。

检查方法：检查合格证、出厂检验报告、进场复试报告。

② 结构层的透水性应逐层验收，其性能应符合设计要求。

检查数量：每 500m^2 抽测 1 点。

检查方法：渗水仪检验。

③ 透水砖的铺筑形式应符合设计要求。

检查数量：全数检查。

检查方法：观察。

④ 水泥、外加剂、集料以及砂的品种、级别、质量、包装、储存等应符合国家现行有关标准的规定。

⑤ 透水砖路面施工主控项目允许偏差应符合表 4-13 要求。

透水砖路面施工主控项目允许偏差　　　　表 4-13

序号	项目		频率	规定值或允许偏差	检查方法
1	土基	压实度	每 1000m^2，2 点	≥ 90% 且 ≤ 93%	环刀法或灌砂法
	底基层	压实度	每 1000m^2，2 点	≥ 95%	环刀法或灌砂法
	级配碎石基层	压实度	每 1000m^2，2 点	≥ 95%	振动台法
2	透水砖	抗压强度	每批，1 组	符合设计要求	见 JC 466
		抗折强度			
		透水性能			见 CJJ/T 188
3	透水混凝土基层	透水性能	每 1000m^2，3 点	符合设计要求且 ≥ 0.15mm/s	—
		强度	每 1000m^2，3 点	符合设计要求	—
		厚度	每 1000m^2，3 点	≤ 5mm	钢尺量测

2）一般项目

① 透水砖铺砌应平整稳固，不应有翘动、空鼓、掉角以及断裂现象。灌缝饱满，缝隙一致。

检查数量:全数检查。

检查方法:观察、尺量。

② 透水砖表面与路缘石及其他构筑物应接顺,不得有反坡和积水现象。

检查数量:全数检查。

检查方法:观察、尺量。

③ 透水砖铺装的允许偏差应符合表 4-14 的规定。

透水砖铺装的允许偏差 表 4-14

序号	项目	频率	允许偏差	检查方法
1	表面平整度	每 20m,1 处	≤ 5mm	3m 靠尺和楔形塞尺连续量测 2 次取最大值
2	宽度	每 40m,1 处	不小于设计规定	钢尺量测
3	相邻块高差	每 20m,1 处	≤ 2mm	钢尺和楔形塞尺
4	横坡	每 20m,1 处	± 0.3%	水准仪测量
5	纵缝直顺度	每 40m,1 处	≤ 10mm	拉 5m 线和钢尺量测
6	横缝直顺度	每 20m,1 处	≤ 10mm	拉 5m 线和钢尺量测
7	缝宽	每 20m,1 处	≤ 2mm	钢尺量测
8	井框与路面高差	每座 4 处	≤ 5mm	钢尺和楔形塞尺
9	道路中线偏位	每 100m,1 处	≤ 20mm	经纬仪量测
10	各结构层厚度	每 20m,1 处	± 10mm	钢尺量 3 点取最大值

(4)注意事项

① 当天运输至施工现场的路砖应当天完成安装,未完成的应将材料移至路边,并采用反光锥桶进行围封,同时设置爆闪灯和安全标示牌。

② 路砖在搬运过程中应小心谨慎,轻拿轻放,避免砸伤。

③ 在交通要道施工时,操作人员需要时刻留意周围情况,注意车辆和行人。

④ 禁止在铺装面施工其他项目和使用发电机等机器,如切割、拌和砂浆、电焊等,以免污染铺装面层。

⑤ 养护期间严禁施工车辆进入,必要时搭设木板做施工便道,并在四周设置立杆围护。

⑥ 摊铺时计加松铺系数 20%,摊铺要平整,采用平板振动器夯实,夯实时必须到位,不得留死角。

8. 防沉降井盖施工

(1)施工前混凝土盖板的调整

① 新建井

根据设计要求,明确井口所在位置及混凝土盖板的等级(轻型或重型盖板)、防沉降井盖的几何尺寸,并以此为依据制定混凝土盖板的制作形式(根据现场情况实施,所有盖板尽量采用预制的形式)。当混凝土盖板的几何尺寸不大,且现场具备吊装条件时可选择预制井盖板。采用标准化生产,保证预留孔位置精确,便于质量控制,加快施工进度。

当混凝土盖板的几何尺寸较大,不便进行现场调整时,则采用现场浇筑,使用定型钢模板或其他能保证该检查井孔尺寸规则的模板作为现场预留洞口的模板。

预留洞口的几何形状为下部护筒外径 $D+(0.5\sim2.0)$ cm,且需要保证洞口尽可能为圆形且不影响后续沥青摊铺施工,见图 4-49。

图 4-49 新建检查井预留洞口

② 既有井

按照设计要求排查所有既有检查井的标高、几何尺寸、盖板类型,检查其功能性,并将现状老旧砖砌检查井更换为混凝土井。

针对现有检查井盖板满足设计要求,不满足安装混凝土调节环条件的,在其顶面增设 1cm 厚钢板(铰接开口位置和大小应满足要求),并根据井圈直径和截面轮廓在钢板上开洞,之后进行防沉降井盖的施工。

受井室内构筑物(如自来水、煤气阀门)标高及开口影响,无法进行防沉降井盖施工的,在不影响该构筑物正常使用的情况下,应先对井内构筑物进行改造(如更换阀门开口方向或降低构筑物整体标高),待满足防沉降井盖安装条件后再进行后续施工。

其他既有检查井情况及施工措施见图 4-50、图 4-51。

(2)施工工艺流程

① 新建路基中防沉降井盖施工工艺流程

安装调节环→调整标高→安放防沉降井盖→淋洒、刷乳化沥青→沥青填充→移除井盖→放入限位井圈(自制,见图 4-52)→限位井圈周边沥青夯实→取出限位井圈→放入防沉井盖→碾压密实并整平井盖周边路面

② 老旧水泥混凝土路面道路中防沉降井盖施工工艺流程

井盖周边切缝→井筒内安装建渣承盘→人工破除现状混凝土路面→清理并修整工作面（调整井室内构筑物至合适位置）→混凝土盖板或钢盖板施工→安置混凝土调节环调整标高→安放防沉降井盖→淋洒、刷乳化沥青→沥青填充→移除井盖→放入限位井圈（自制）→限位井圈周边沥青夯实→取出限位井圈，放入防沉井盖→碾压密实并整平井盖周边路面

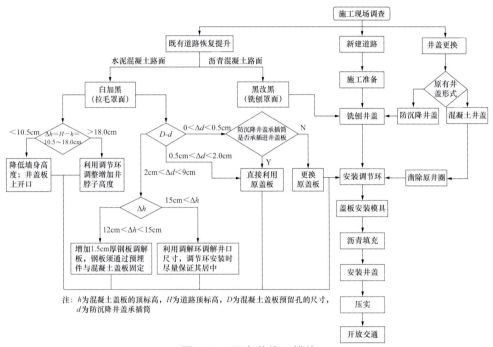

图 4-50　既有井施工措施

（a）调整井内构筑物标高及位置

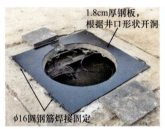

（b）安设钢板

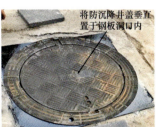

（c）安放防沉降井盖

（d）路面切割

（e）打凿清理后安装预制调节环

（f）摊铺沥青混凝土

图 4-51　既有井施工现场

图 4-52 自制限位井圈

（3）检查井筒提升方式

① 新建道路检查井筒提升（安放调节环）

检查井筒提升宜优先采用安装调节环方式；安装调节环时，其基面应平整，安装调节环应采用 1∶2 水泥砂浆调平，调平砂浆厚度不宜大于 10mm，调节环安装的坡度应与道路坡度一致，调节环中心应与井筒中心一致；采用现浇混凝土加高井筒，提升检查井筒时，应使用定型内模浇筑混凝土。其抗压强度等级应不低于 C30。

② 旧混凝土路面加铺沥青面层道路检查井筒提升（旧路面拆除＋安放调节环）

施工前应在井筒内设建渣承盘，防止建渣掉入井内，沥青混凝土路面铺筑完成后，应清理建渣，取出建渣承盘。

使用切割机将路面切割整齐，再拆除旧水泥混凝土路面，拆除面应平整，拆除时应不扰动基层，如基层有扰动或破损时应对基层进行加固处理，拆除检查井盖后的工作面应清理干净，无松动、破损及杂物。

根据井盖板环形尺寸外径周边增加 0.4~0.5m 确定凿除（切缝）范围，画出凿除（切缝）线，以圆形（宽度不得低于平板夯实机的最小夯实宽度）进行凿除（切缝）且深度不低于 11cm 后，取出旧井盖及旧混凝土井环座，修整及清洁操作面。

调节环安装的基面应平整，高差不大于 20mm，超过部分宜采用快凝材料找平；检查井盖的调节环的上表面与路面高差宜为 10~16cm。

（4）施工要点

① 原井座凿除（新建道路施工中无此步骤）

根据井盖板环形尺寸外径周边增加 0.4~0.5m 确定凿除（切缝）范围，画出凿除（切缝）线，以方形或圆形（宽度不得低于平板夯实机的最小夯实宽度）进行凿除（切缝）且深度不低于 11cm 后，取出旧井盖及旧混凝土井环座，在井筒内安装建渣承盘，修整及清洁操作面。

② 安放混凝土调节环

选择合适的预制混凝土调节环固定于砂浆面上，同时要确保路面至调节环之间有足够施工调节距离（一般 10~16cm 之间），混凝土调节环的安装必须平稳、无松动现象，调节环安装完毕后，使用混凝土将调节环与现状水泥混凝土基层间的空隙填满（浇筑的混凝土强度不得低于C30）。

③ 新建道路井盖标记和工作面清理

新建道路路面结构层施工前，先标记井圈位置，并用钢板或模板对井圈范围进行遮挡（也可直接安装防沉降井盖），待路面结构层施工完毕后，再使用沥青井盖铣刨机清理出井圈范围，修整工作面后进行后续施工。

④ 淋洒或涂刷乳化沥青粘层

在工作面表面淋洒或刷适量乳化沥青粘层，以增加填充沥青与基础的粘合度。

⑤ 沥青填充与限位井圈安装

分层填充沥青，每填充一层沥青，即使用反复夯实，确保密实度达到相关要求，将检查井周边沥青凿除，并移除井盖后垂直放入限位井圈（自制），使用小型夯实设备（平板打夯机）对井圈周边沥青再次进行压实，重复上述工序，直至填充夯实的沥青与道路顶面标高基本一致。

⑥ 限位井圈抽出和井盖安装

待限位井圈周边沥青温度冷却至90℃时，适当做缓慢水平旋转后，将限位井圈小心地取出，保证周边沥青粘合度；放入防沉降井盖，注意检查井盖的铰链位置应朝来车方向；同时应避免破坏周围的沥青填充层。

⑦ 碾压密实、整平井盖周边的沥青路面

使用振动压路机或小型夯实设备将井盖压入路面中，使之与路面一体、水平一致。检查井盖与沥青混凝土路面同步碾压。

施工现场见图4-53。

（a）原井座切缝

（b）原井座凿除后清理

（c）水泥砂浆找平

（d）调节环安装

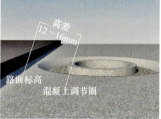
（e）井圈位置示意图

（f）新建道路井圈位置清理

图4-53 防沉降井盖施工现场（一）

(g) 移除井盖

(h) 放入限位井圈

(i) 限位井圈周围沥青填充与压实

(j) 限位井圈取出

(k) 防沉降井盖的最终安装

(l) 碾压密实

图 4-53　防沉降井盖施工现场（二）

（5）质量验收要求

1）主控项目

① 检查井盖、水箅安装应稳固，无损坏、响动、翘跛和错盖现象。

② 检查井盖、水箅周边的沥青混凝土应碾压密实，整齐美观，无松散、离析、开裂、脱层等现象，压实度应不低于道路的压实度标准。

2）一般项目

① 路面铺筑质量应符合本导则及《城镇道路工程施工与质量验收规范》CJJ 1—2008 第 9.5.1 条的要求。

② 调升井筒直径应与井座适配，调升井筒与井座之间的总间隙不得大于 10mm。

③ 检查井盖、水箅应与路面平顺衔接，无错台及裂缝。

④ 检查井盖、水箅表面应无残留的沥青混合料。

⑤ 井座下缘口应不高于调节环顶面。

⑥ 旧水泥混凝土路面拆除后的工作坑基面应平整、清洁、无松动，侧面应垂直、整齐。

⑦ 沥青混合料不得从井筒与检查井盖（水箅）之间缝隙漏料。

⑧ 检查井筒调升质量允许偏差应符合表 4-15 的规定。

⑨ 检查井盖、水箅安装质量允许偏差见表 4-16 的规定。

检查井筒调升质量允许偏差　　　　　表 4-15

项目	允许偏差（mm）	检验频率	检验方法
调升井筒顶面平整度	10	每座井 1 点	3m 直尺、塞尺测量
井筒直径	0～10	每座井 2 点	卷尺测量，道路纵横方向分别测量 1 点

检查井盖、水箅安装质量允许偏差　　　　　表 4-16

项目	允许偏差（mm）	检验频率	检验方法
检查井盖与路面高差	≤5	每座井 1 点	十字法，用直尺和塞尺量最大值
水箅与路面高差	−10～0	每座井 1 点	十字法，用直尺和塞尺量最大值

（6）注意事项

① 施工前应做好安全防护工作，对应更换或者新建井盖周围实施封闭，并悬挂有反光作用的警示标志。

② 在进入施工区域 30m 处设置减速慢行标志，提醒车辆安全行驶。

③ 旧路面更换井盖进行开挖时应尽量避免撬动周边的沥青路面，如有施工垃圾掉入井内，在完工后要及时清走。

④ 施工完成应立即清理现场的垃圾及杂物，保持路面清洁。

⑤ 无特殊情况，夜间施工尽量在早晨七点之前完成，以避免对周边居民、行人及车辆造成安全隐患。

*　　　*　　　*

本章结语： 该阶段是老旧道路恢复提升中最重要的环节之一。按照先地下后地面原则，对地下管线原有情况进行梳理，确认各管线单位新增量，精准安排各类管线的布置，有效利用有限的地下空间。对迁改管线和新增管线在施工时序的安排非常重要。此外，对每一家管线阶段性完成后，除监理外，还需及时请产权单位确认，保证建成后线缆接入的准确性和实用性，避免因整改出现二次开挖。有些管线老化，但又暂不更换，在施工中要落实好保护措施，确保沿线群众正常的生产生活，有些点位施工中像在瓷器店里抓老鼠，可以说如履薄冰。该阶段需要和各管线单位保持有效沟通，除本公司管线外，还要让他们了解其他管线单位的情况，几方互相理解，相互支持，实现和谐建设。

第 5 章　安全文明施工

5.1　基本规定

基本规定

为确保安全文明施工目标的实现，应坚持"安全第一，预防为主，综合治理"的指导方针，项目部应建立健全安全保证体系，成立包括总承包单位项目经理、班子成员、各部门负责人、专职安全生产员、分包单位现场负责人等组成的安全生产领导小组，定期召开安全生产领导小组会议，研究解决项目安全问题。项目经理应组织编制《安全管理策划书》并明确各岗位安全责任分工，按照规定配备专职安全生产管理人员，同时项目部应根据法律法规及企业相关管理规定，结合项目实际情况建立健全各项管理制度，包括安全教育培训制度、安全技术交底、安全会议制度、危险作业管理制度、安全检查制度、安全验收制度、危大工程管理制度、应急管理制度等。

5.2　文明施工

1. 作业区域围挡封闭

基本要求：

工程现场应做好现场围挡，确保周边道路平整以及环境整洁，包括各种临时堆放物（材料、机械、设备、渣土、废弃物等）、集水坑、开启的各类检查井、沟槽等必须设置固定式或者移动式连续围挡，且须牢固、安全和材质统一；交通路口的围挡必须做到视觉通透，立柱上每 6m 安装警示灯，围挡两端头还应设置防撞桶；工程全面结束前不得拆除围挡。围挡设置应符合以下要求：

1）按照施工工期划分为固定式围挡和临时围挡两种；围挡应采用高强度板材，平行于道路中线设置；围挡的连接必须安全牢固，整体美观，与环境相协调。

2）施工工期半年以上的，建议采用固定围挡，市区主要道路的固定围挡高度 2.5m，其余区域不低于 1.8m。

施工工期在半年以下 30 天以上的，建议采用装配式围挡。

施工工期在 30 天以下的,建议采用移动式围挡,严禁使用柔性材料或者破损围挡。

禁止使用锈蚀、残破、易损毁变形的材料制作施工围挡。

围挡既要满足施工工作面及材料堆放要求,又要保证机动车、非机动车的通行,严禁长时间"围而不建"。

当围挡出现破损和反光失效时必须进行更换。

施工现场应设置"五牌一图"、工期倒计时牌、扬尘污染防治牌等。

(1)五牌一图

五牌一图布置示例见图 5-1。

图 5-1 五牌一图布置示例图

(2)装配式围挡

此种围挡适用施工周期 20 天以上,处于主干道且施工内容较多,裸露施工安全隐患大,施工形象差,严重影响市民出行的区域(图 5-2)。

(a)围挡布置示例一　　　　　　(b)围挡布置示例二

(c)围挡结构组成

图 5-2 装配式围挡

① 围挡材质应采用夹芯彩钢板，围挡高度 2.5m，围挡下脚用油漆喷刷成黄黑相间交通安全斑马纹（警示带），斑马纹高 0.2~0.3m、每条纹宽 0.15m、倾斜角 45°，倾斜角指向车辆行驶方向。

② 围挡上部铺贴仿真塑料草皮，间隔设置宣传标语及反光警示条。

③ 围挡应在压重位置设置不少于 40kg 的沙袋做压重，具备条件的情况下使用膨胀螺栓固定。

④ 围挡上若设立商业广告必须获得相关部门的许可。

（3）移动通透式围挡

根据施工所在道路的情况设置不同长度的通透式围挡，交叉路口主干道一侧，通透围挡的设置长度不小于 10m，其他道路一侧，通透围挡的设置长度不小于 6m（图 5-3）。

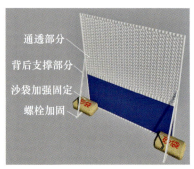

（a）移动通透式围挡示例图　　　　（b）移动通透式围挡结构组成

图 5-3　移动通透式围挡

通透式围挡外侧有车辆通行情况下，在中间立柱上均设置双面反光轮廓标，轮廓标宽 50mm、高 100mm、厚 20mm，轮廓标上边缘应距柱顶 500mm，做到整齐统一。

围挡统一安装爆闪警示灯，警示灯立在围挡顶部，每间隔 5m 设置一个。

围挡的基础固定要求牢固、统一、顺直。

（4）护栏围挡（铁马）

可用于工期 15 天以下的市区道路新建、改建、扩建，或者用于坑洞、路面临时封闭等（图 5-4）。

图 5-4　护栏围挡示例图

一般采用无缝钢管和冷轧板制作，常用尺寸为 1.2m×0.6m。

油漆喷两度，底漆为防锈漆，正面贴反光膜，注明施工单位名称，悬挂安全警示标语，并在使用时增加相应的配重。

（5）移动式水马及其他临时性围挡

材料制作应满足环保要求，重量应满足规范和稳定性要求。

根据工程特点和周边环境，选用恰当形式和高度的水马，并应连续设置；设置时可在恰当高度贴红白交错反光条。反光条宽 5cm，相间的红白条长度为 15cm，一般沿凹陷边缘处贴置，需选用 3C 强制认证产品，具有耐久性好、高亮度、广角性、耐腐蚀等特点（图 5-5）。

（a）移动式水马示例图　　　　　（b）其他临时性围挡

图 5-5　移动式水马及其他临时性围挡

2. 临时便道

基本要求：

临时便道设置原则上应在《交通组织疏导方案》中充分考虑，机动车道、非机动车道和人行道必须按照方案严格设置。若通行压力大或无法绕行导致必须从施工区域临时通行时，应遵循能硬化处理必须硬化的原则。

（1）简易式便桥

沟槽跨度小于 2m 时可根据需要设置简易式便桥，采用钢板、模板搭设，并利用现场条件采取一定的加固措施，确保便桥的稳定，便桥临边应设置围挡（图 5-6）。

 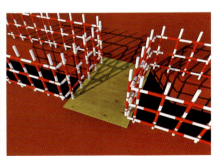

（a）简易式钢板便桥示例　　　　　（b）简易式模板便桥示例

图 5-6　简易式便桥

（2）临时行人通道

当道路全幅施工而又必须满足行人通行需求时，根据现场实际情况布置临时行人通道，可采用土工布、塑料布等材料铺设，避免行人踩带泥土，通道两侧用护栏围挡与作业区隔离，同时在围挡底部挂上沙袋，增强围挡稳固性（图 5-7）。

图 5-7　临时行人通道

3. 标志标牌

基本要求：

为确保施工安全，在施工过程中应根据实际情况布置相应的标志标牌，主要包括施工倒计时牌、五牌一图、交通导向牌、扬尘污染防治公示牌、安全警示牌等。

1）施工倒计时牌由施工倒计时、参建单位信息等组成。

2）项目"五牌一图"，包括工程概况牌、管理人员名单及监督电话牌、安全生产牌、文明施工牌、消防保卫牌、施工现场总平面图。

3）交通导向牌：作业区前后 50m 设置交通疏解告示、行人绕行提示、文明施工用语等标志，若沟槽或基坑开挖深度较深，必须对应围挡外处设置限载、限速、禁止停车等标志。

4）建筑工地扬尘污染防治公示牌，并张贴在围挡显著位置，面积原则上不小于 3m²。

5）安全警示牌包括禁止标志、警示标志、指令标志、提示标志，并配以相应的安全标语。

6）各相关行业管理部门要求设置的其他需公示、公告的内容，如文明城市创建、扫黑除恶及相关致歉语等。

（1）施工倒计时牌、扬尘污染防治公示牌及五牌一图（图5-8）

（a）施工倒计时牌　　（b）扬尘污染防治公示牌　　　　（c）五牌一图

图5-8　施工倒计时牌、扬尘污染防治公示牌及五牌一图

（2）交通导向牌（图5-9、图5-10）

（a）道路施工　　（b）左右改道　　（c）左右道路封闭　　（d）车辆慢行及左右导向

图5-9　交通导向牌

图5-10　交通导向牌三维示例

（3）安全警示牌（图5-11）

（a）车辆慢行　　　（b）限速30　　　（c）禁止入内　　　（d）当心坑洞

图5-11　安全警示牌

（4）致歉标志牌（图 5-12）

| 容我一些时间
还您一条坦途 | 施工暂时路狭
只为长久平安 | 行万里平安路
做百年长乐人 | 只有路畅
才能民安 |

图 5-12　致歉标志牌

4. 材料堆放

基本要求：

1）开工前编制施工组织设计时应在平面布置图上选取合适区域用于堆放材料、构配件、施工机具。

2）按照施工现场进度情况制定材料进场计划，并在材料进场之前合理规划材料进场后的堆放位置，避免出现材料进场后乱堆乱放。

3）每个围挡区域均划定一片堆放材料的区域，禁止在划定范围外堆放材料，同时各类材料分类堆码整齐并设置材料标志牌，标明材料名称、规格。

4）现场材料堆码应有防火、防雨、防锈、防扬尘等措施，材料进场堆码完成或当天施工完成后应当及时覆盖。材料堆放现场见图 5-13。

（a）临时堆土　　　　　　　（b）管材堆放　　　　　（c）路缘石或者人行道花砖堆放

图 5-13　材料堆放现场

5. 噪声控制

基本要求：

1）优先采用先进施工方法、改进施工工艺、使用低噪声设备等途径降低噪声，使施工产生的噪声达到施工场界环境标准，不造成扰民，见图 5-14。

2）合理安排施工作业，将噪声较大的施工作业安排在白天作业，容易造成扰民的施工区域禁止夜间操作噪声较大的施工作业，如路面破除、混凝土施工等。

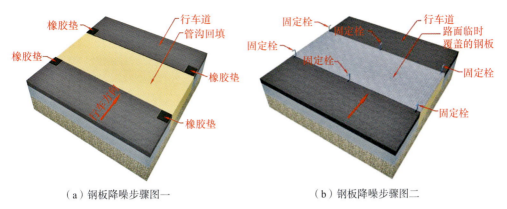

（a）钢板降噪步骤图一　　　　　　（b）钢板降噪步骤图二

（c）现场图

图 5-14　噪声控制措施

6. 资源节约

基本要求：

1）现场装配式围挡、移动式围挡及假草皮要设专人进行检查、清洗、更新、维护、保养，延长使用寿命，多次周转使用。

2）降尘喷淋系统喷出的水可以用作混凝土养护、绿化灌溉。

3）现场沟槽支护使用的工字钢、覆盖材料所用的土工布、遮阴网等均应维护管理，妥善管理，增加重复利用次数。

5.3　防尘降尘

1. 基本要求

认真贯彻落实相关主管部门文件要求，开工前由项目经理组织编制《扬尘污染防治工作方案》，报建设单位和监理单位审核通过后，在项目施工全过程严格实施。项目应建立扬尘污染防治工作领导小组，层层落实工作责任，设置专人负责扬尘污染防治工作及台账管理。具体措施如下：

1）依托围挡设置自动喷淋洒水系统，严格按照扬尘污染防治专项方案实施，必须确保未施工时每半小时喷淋 5min，施工时全时进行喷淋。

2）使用洒水车及雾炮机作为自动喷淋洒水系统的补充，在风大或进行易产生扬尘的施工作业时进行洒水和喷雾，达到降尘效果。

3）施工现场路面破除、切割、挖土、回填、凿槽等易产生扬尘的作业应设专人持水枪洒水，确保湿作业。

4）施工现场裸露土体及材料 100% 覆盖，建筑垃圾 100% 覆盖或袋装化处理。

5）现场出入口道路必须硬化，清扫干净，场内施工便道硬化处理。

6）在施工场地出入口，具备条件的区域设置洗车平台，不具备设置冲洗平台条件的，应在施工场地出入口硬化车辆冲洗区域，设置简易洗车泵、洗车水枪和排水沟等对渣土运输车辆进行冲洗，确保出入车辆不污染市政路面。渣土车辆使用环保部门审批允许的封闭式环保垃圾清运车。

7）空气质量检测：具备条件的安装 PM10 自动检测装置，检测空气中 PM10 浓度是否超标，不具备条件的购买小型手持检测仪，定人定时检测施工区域及周围 PM10 浓度，一旦发现浓度上升，立即启动洒水、喷雾、喷淋等降尘设施设备，确保 PM10 浓度不超标。

8）要求现场全体管理人员下载"空气质量发布"APP，时刻关注所在区域的空气质量情况。

2. 示例（图 5-15）

（a）围挡喷淋系统

（b）雾炮机

（c）空气质量检测仪

（d）洒水车

图 5-15　防尘降尘示例（一）

（e）裸露土体及材料覆盖

（f）湿作业

（g）湿作业

（h）预警软件

图 5-15　防尘降尘示例（二）

5.4　施工用电

1. 基本要求

1）施工现场临时用电必须采用 TN-S 接零保护系统，必须执行"三级配电、二级漏电保护"，达到"一机、一闸、一漏、一箱"要求。

2）总配电箱、分配电箱需设置防护棚，防护棚可采用方钢或圆钢制作，刷红白油漆，稳固安置在混凝土承台上。防护棚须加锁，旁边须放置灭火器，且须设置安全警示牌、提示牌。分配电箱与开关箱距离不得超过 30m，开关箱与其用电设备水平距离不宜超过 3m。

3）施工用电的线路敷设、接零保护、接地装置、电器连接、漏电保护等各种配电装置应符合规范要求。

2. 配电线路及配电箱

1）电源线布线应规矩，避免斜向布线，不允许随意拉线。

2）埋地电缆路径必须设方位标志，转弯处和直线段每隔 20m 处在地面上设置明显的走向标志。

3）施工电箱必须由正规厂家生产，油漆完整，无锈蚀，箱体无破损，箱盖正面喷涂"当心触电"警示标志。

4）施工电箱分级清晰，分别为总配电箱、分配电箱、开关箱，其中开关箱进出线排列整齐，应采用套管保护，加绝缘护套卡固定在箱体上，见图5-16、图5-17。

图 5-16　分配电箱　　　　图 5-17　开关箱

3. 用电设备

用于现场临时使用的可移动的照明灯具不能使用敞开式的，必须要有防水措施，接地良好，使用时不能靠近易燃物，见图5-18。

图 5-18　夜间照明设备示例

5.5　安全防护

1. 基本要求

1）施工现场预留洞口、检查井口等应采用模板或者竹胶板完全封闭，并沿边设置安全防护措施。洞口的防护设施应坚固耐用，采用钢管、角钢、木材制作。

2）防护设施边长需比洞口边长（直径）大0.1~0.2m，高度为1.2m，防护形式要统一，洞口防护设施应坚固耐用。

3）检查井口等较小洞口的安全防护可采用整体式防护设施；桥梁预留洞口等较大洞口的安全防护可采用拼装式防护设施，在现场组装。

2. 洞口及临边防护

施工现场预留洞口、沟槽周边应采取临边防护措施，可设置临边防护栏杆，或者使用水马。防护连续布置时，彼此之间连接应稳固可靠，底部地面应平整，出入口位置需要合理布置，使用可移动栏杆，在车辆、行人通行时打开，通行后关闭，见图5-19、图5-20。

图 5-19　检查井口防护示例　　　　图 5-20　沟槽边防护示例

树坑简易围护，由于市区市政道路施工无法完全隔离施工，为了行人的出行安全，在树坑开挖后，采取简易围护，见图5-21。

图 5-21　树坑简易围护

3. 人行护栏

老旧市政道路往往无法断交施工。当需要在车行道上设置人行通道时，人行通道与车行通道之间需要设置隔离护栏，以保证行人安全，见图5-22。

图 5-22　隔离护栏布置示例

4. 沟槽支护——拉森钢板桩支护

地下水位高易塌方；施工面狭窄无法放坡开挖，且开挖深度比较大；距离邻近建筑很近，为了在保护邻近建筑物安全等的条件下使用，可采用拉森钢板桩支护，且须做危大工程专家论证，见图 5-23。

（a）拉森钢板桩支护

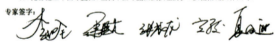

（b）专家意见

图 5-23　拉森钢板桩支护

5. 劳动者防护

1）施工作业人员应正确使用和穿戴劳动防护用品，进入现场的人员必须佩戴安全帽，穿荧光背心。

2）工作服要穿戴合体，安全帽要戴正，系紧护绳，高处作业必须佩戴安全带，从事特殊作业的人员应正确佩戴相应的防护用品，见图 5-24。

- 白色——
管理人员佩戴
- 黄色——
质安员佩戴
- 红色——
员工佩戴
- 蓝色——
基础设施一线工作人员佩戴
- 朱红色——
作业人员佩戴

（a）安全帽

（b）荧光背心　　　　　　　　　（c）工作卡

图 5-24　劳动者防护用品

5.6　施工机具及设备

1. 基本要求

1）施工机械及设备进入作业区后，施工技术人员应向机械操作人员进行施工任务和安全技术措施交底，操作人员应熟悉作业环境，听从指挥，遵守机械作业安全规则。

2）操作人员必须身体健康，且经过专业培训合格，在取得相关部门颁发的操作证书后才能独立操作，学员必须在师傅的指导下进行操作。

3）机械设备不得靠近架空输电线路作业，如碍于现场条件不得不靠近时，必须采取合理安全措施。按照使用说明书正确操作、合理使用施工机具。

4）机具上的各种安全防护装置、信号装置应完好齐全，有缺损时应及时修复，安全防护装置不完整或已失效的机械不得使用。

5）机械设备应按时进行保养，当发现有漏保、失修或者超载带病运转情况，必须立即停止使用。

2. 大型机械设备

对于起重吊装机械的使用需要注意以下几点：

1）起重吊装作业前要指定专人负责指挥和操作，对安全措施落实情况及起重吊装环境进行确认。

2）起重吊装作业应严格执行安全操作规程，出现故障时应立即向指挥者报告,没有指令,任何人不应离开岗位。

3)不得在雨天、雾天等天气情况比较恶劣的时候施工,在起重吊装过程中如果意外中断,必须采取安全措施,不得使设备或者构件悬空过夜。

3. 小型施工机具

(1)电焊机(图5-25)

① 使用电焊机焊接时必须穿戴防护用品,严禁露天冒雨从事电焊作业。

② 交流弧焊机一次电源线长度不应大于5m,其电源进线处必须设置防护罩;二次线应采用防水橡皮护套铜芯软电缆,电缆长度不应大于30m,不得采用金属构件或结构钢筋代替二次线的地线。

③ 电焊机开关箱中的漏电保护器参数应匹配。电焊机应配装防二次侧触电保护器。

④ 电焊钳应有良好的绝缘和隔热能力;电焊钳握柄应绝缘良好,握柄和导线连接应牢靠,接触应良好。

⑤ 施焊现场要采取防火措施,作业完成后要清理作业场所。

(2)切割机(图5-26)

图 5-25　电焊机　　　　图 5-26　切割机

① 操作者应佩戴防护手套和防击打的护目镜。

② 为了防止砂轮破碎时伤人,切割机必须装有防护罩,禁止使用没有防护罩的切割机进行施工。

③ 机械运转时,操作者不能离开工作地点,发现运转不正常时,应立即关机,将切割机退出工作地点。

④ 工作中,切割机附近以及正前方不允许站人,不准切割装有易燃易爆物品的物件或者密封件。

⑤ 切割机必须专人使用,不得交由其他人员操作。

(3)手持电动工具

① 手持电动工具应达到三级控制、三级保护,必须一机一闸,且有短路、过

负荷、漏电保护装置。

② 电工工具应使用双重绝缘或者接地保护，对于工具上可能构成危险的部位必须加以防护。

③ 严禁超载使用，随时注意异响、温升，发现异常应立即停机检查，当作业时间过长时应停机降温后使用。

④ 作业中不得使用手碰触刃具、砂轮，发现有磨顿、破损的情况时应及时停机整理或者更换后使用。

⑤ 使用冲击电钻时应注意避开混凝土中的钢筋，钻头应顶在工件上以后再打钻，不得空打和顶死。

⑥ 使用角向磨光机应注意砂轮的安全线速度为 80m/min，做磨削时，应使砂轮与工作面保持 15°～30°的倾斜。

* * *

本章结语：安全是底线。除各项安全制度的建立和落实外，该环节要重点解决好渣土及时外运、建筑垃圾日产日清、施工机械进出现场管理、建筑材料科学计划、堆放合理等，充分利用好有限的施工场地和空间，同时还要处理好交通安全和施工安全的关系。

第 6 章 质量管理

6.1 质量保证体系

1. 质量保证体系

为确保质量目标的实现,应建立完善质量保证体系,包括组织保证、制度保证和实施保证。坚持以制度为基础、组织为保障控制过程的实施,严格规范质量行为。工程质量保证体系见图 6-1。

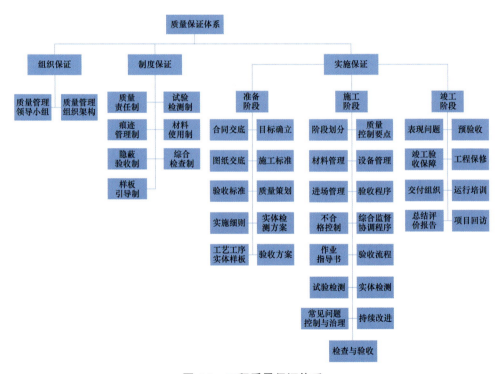

图 6-1 工程质量保证体系

2. 质量管理组织机构及相应职责

根据本工程实际需要,在本施工项目设置质量管理组织机构监督质量控制程序的顺利运行并负责工程质量的全过程管理和控制。组织机构以项目经理为组长,项目总工、质量总监为副组长,明确各级管理职责,见图 6-2。

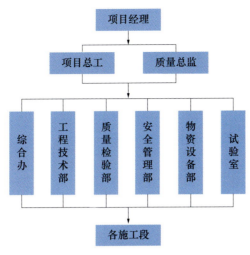

图 6-2 质量管理组织机构

3. 质量管理制度：质量责任制

1）质量管理工作分为三级管理，即总承包项目经理部级、专业分包单位级和施工班组级。

2）总承包单位成立以项目经理为质量管理第一责任人，项目总工和质量总监为具体责任人，质量检验部为直接责任人的质量管理组织，由质量检验部全面负责实施项目的质量管理工作，其他部门负责相关质量保障。

3）专业分包单位成立以项目经理为质量管理第一责任人，项目技术负责人为主要责任人，专职质量员为直接责任人的质量管理组织，直接负责实施所分包板块的质量管理工作，技术员、质量员、施工员、材料员、试验员等具体实施落实。

4）施工单位在项目实施前应明确质量管理责任分工及职责，制定总承包项目经理部项目经理、项目总工、质量总监等的质量管理责任制度，在工程项目实施前 7 日内编制完成报监理单位和建设单位审核备案。

5）专业分包单位项目部在施工前应明确质量管理责任分工及职责，岗位主要包括：项目经理（生产经理）、技术负责人、专职质量员、施工员、试验员、质量员、技术员、测量员、材料员、资料员、劳务班组长等，在施工实施前 7 日内报总承包项目经理部审核备案。

6）各级质量管理责任状需明确各方责任和质量目标，并在过程中按责任状进行检查和考评。

4. 质量管理制度：试验检测制

1）工程开工前，若现场条件允许，可按合同条件设置试验室，现场不具备条件的，应及时按照合同要求确定委托试验检测单位。委托的第三方检测单位必须具备相应资质且必须有专人负责现场取样试验，人员必须经过培训且持证上岗。人员、公司资质在委托合同签订前明确并编制报总承包单位且检测单位人员进场前报总承包单位复核。

2）检测过程必须按照规范、规程、标准规定的试验检测项目、流程要求和频率进行取样试验和现场检测。

5. 质量管理制度：痕迹管理制

为了保证质量管理工作的规范性和标准化以及记录的真实、有效性和可追溯性，编制《建设项目质量管理标准化台账》。总承包项目经理部根据台账内容及要求建立自身质量管理台账，施工段台账内容及格式应统一要求，见表6-1。

昆明市东风路道路恢复提升工程质量管理台账　　表 6-1

序号	台账内容基本要求
1	质量收、发文登记表（上级、外部单位发文等）
2	项目管理策划（内含质量策划）
3	质量 QC 活动（方案及痕迹资料）
4	质量创优策划（仅限创优项目）
5	质量责任状
6	质量管理制度（结合集团质量管理办法、总承包二部质量管理大纲编制和项目实际情况编写）
7	质量管理月报（按照模板要求填写，按时上传至 WPS 月报群）
8	质量管理日志（执行样表）
9	质量检查记录（日常检查、半月检、月检）
10	工程质量考核评价评比（参照检查考核评分表进行考核排名）
11	质量月活动相关资料（活动方案、活动总结、其他痕迹资料）
12	实体检测方案及检测原始记录资料
13	工程质量验收资料（分部工程、单位工程、竣工资料）
14	工程实体样板方案
15	常见工程质量问题或质量重点控制工序关键工序的治理（方案、治理痕迹影像资料）
16	质量学习培训记录
17	质量处罚通知
18	工程质量回访及投诉举报处理台账
19	实体检测仪器、验收标准规范管理
20	质量专题会议（签到表、会议纪要）
21	以包代管痕迹资料（和质量相关的业主及监理指令、通知、回复）

6. 质量管理制度：材料使用制

（1）施工现场材料管理规定

根据国家和上级颁发的有关政策、规定、办法，制定物资管理制度与实施细则；根据施工组织设计，做好材料的供应计划，保证施工需要与生产正常运行。

减少周转层次，简化供需手续，随时调整库存，提高流动资金的周转次数；及时填报材料、设备统计报表，贯彻执行材料消耗定额和储备定额；根据施工预算，现场技术人员要编制材料计划，报物资设备部材料主管负责人审批后，作为物料器材加工、采购、供应的依据。

（2）施工现场材料使用制度

① 施工材料的发放应严格按照材料消耗定额管理，采取分部、分项包干等管理手段降低材料消耗。

② 物资设备部以技术部门根据工程计划和工程质量要求，提出的工程需用物资计划为基础，编制工程材料需用量。在工程施工过程中遇有设计变更或特殊要求情况下，要以技术部门和物资部门书面通知为准，作为调整用量的依据。

③ 施工现场要按计划用料，使现场材料不积压，对剩余材料及时调节，以减少积压浪费，减少资金占用，加速资金周转。钢材、木材等原材料下料要合理，做到优材优用。现场水泥、砖、砂、石和其他材料应随用随清，不留底料，切实做到工完料清。

④ 要按计划用料、进料，使材料不积压，减少退料现象。钢材、木材、管材等料具要合理使用，长料不能短用，优料不能劣用。

⑤ 施工现场要有固定的垃圾站，对散落垃圾及时分拣回收利用。现场的剩余料及包装材料要及时回收，堆放整齐，及时清退。

（3）材料验收和保管

① 材料到场验收应确认实物与货单相符。应包装完整，标志清晰。袋装水泥无散包、受潮、结块；钢筋无散捆、混装、严重变形或锈蚀等情况。到场材料的品种、规格、数量正确无误。

② 供应商应随货提交产品出厂合格证原件。如果是代理商供货，只能提交出厂合格证抄件或复印件，则抄件内容必须完整，复印件必须清晰，代理商应在抄件或复印件上盖章，并注明原件存放在何处。

③ 产品出厂合格证的内容必须符合要求、齐全。材料的品种、规格、数量、生产厂名、生产日期、生产炉批号、出厂日期、规范规定的主要技术指标等主要内容无遗漏。如果一张产品出厂合格证上同时有多项产品的内容，应注明本次向本单位供货的具体项次。

④ 材料进场入库应登记造册，建立台账。台账内容除常规要求的栏目，还要

有出厂合格证编号、现场复试报告编号、使用的工程部位。出厂合格证和现场复试报告原件作为台账附件。不合格退货或降级使用也须入账，登记在案。

⑤ 材料堆放实行标准化、定置化管理。库存材料堆放按保管要求明确分区，不同品种、规格的材料有明显标志。不合格材料必须单独堆放，并标明"不合格品：退货或降级使用"。

（4）材料检验

按相关规范规定，到场原材料在使用前应抽样进行现场复试，复试合格才能用于工程。特别要注意国家颁发的《工程建设标准强制性条文》中规定的试验项目。现场抽样复试工作可以由业主（监理）单位做，也可以由用料单位做。但取样人员要按照规范要求选定且应经过培训，熟悉有关规范中原材料的性能和取样的具体要求，能按规定的方法和数量抽取试样，送有资质的试验室试验。

（5）施工现场成品、半成品保护制度

① 进场的建筑材料成品、半成品必须严加保护，不得损坏。
② 钢筋要分型号、分规格隔潮、防雨码放。
③ 木材分类、分规格码放整齐，加工好的成品应有专人保管。
④ 各种电器器件制定保护措施，保护存放，不得损坏。
⑤ 水泥必须入库保存，要有防潮、防雨措施。
⑥ 中水管等各种成品管件，应做好防雨、防撞、防挤压保护。
⑦ 钢材、铝合金成品应进行特殊保护处理。

7. 质量管理制度：隐蔽验收制

1）在隐蔽前必须进行隐蔽检查。检查意见应具体、明确，检查手续应及时办理，不得后补，需复验的要办理复验手续，填写复验日期并由复验人做出结论。

2）一般部位：由技术员填写隐蔽工程验收记录，由工程技术部组织，质检部主持、质检员参加，经验收合格后，由质检部办理验收手续登记归档，移交资料员，纳入竣工技术档案资料。

3）重要部位：重要部位的隐蔽工程验收是在项目经理部隐蔽验收合格后，由质检部联系建设（或监理）单位约请设计人员，进行鉴定验收或确定处理方案，并办理验收手续，并登记归档，移交资料员，纳入竣工技术档案资料。

4）隐蔽工程验收程序：

① 施工单位应提前2个工作日（48h）向监理单位提交"隐蔽工程报验单"且提供"三检制"合格报告，做好影像资料。

② 隐蔽工程自检合格后以书面形式通知监理人员和建设单位人员及质量管理监督部门，并注明验收时间和内容。

③ 隐蔽工程验收必须由监理人员、施工单位施工员及施工班组长共同验收，

有必要时要有下一工序施工班组负责人参加。

④ 项目经理部要指定专人对隐蔽工程和关键部位的施工进行全过程旁站监督，工程隐蔽前对隐蔽部位进行录像或拍照留存。

⑤ 隐蔽工程验收合格后，由监理人员和工程分管人员签署隐蔽工程验收记录后，施工单位方可进行下一工序施工。

⑥ 隐蔽工程验收不合格的，经整改后必须重新验收，合格后方可签署隐蔽工程验收记录，允许下一工序施工。

8. 质量管理制度：综合检查制

（1）总承包项目经理部质量检查制

总承包项目经理部的质量检查包括日常抽检、半月检、月检，其中月检为全面检查，半月检为专项检查。半月检在每月 15 日前由项目经理组织进行，月考核定于每月 25 日前由项目经理组织开始，每次检查完后召开质量专题会，通报检查考核结果，专业分包单位项目经理部项目经理、技术负责人、质量负责人、试验负责人参加。对于日常抽检检查发现的质量问题，总承包项目经理部主要以质量检查通知单的形式下发到项目经理部，半月检、月检均以质量检查记录表形式下发到专业分包单位项目经理部，各标段务必严格按照质量检查通知单和质量检查记录表的要求进行整改落实并在规定时间内进行回复。

（2）专业分包单位项目经理部的质量检查（项目经理部必须配齐质量检测仪器设备）

专业分包单位项目经理部应当依据国家相关法律、行政法规、现行国家标准、行业规范制度、总承包单位质量管理办法的要求建立质量检查制度，在施工中必须坚持执行三检制度（自检、互检、交接检），并做好相应的记录表；质量检查人员，按设计图纸及施工规范、施工工艺行使检查权，对不按要求施工的有权提出整改意见。

9. 质量管理制度：样板（试验段）引导制

（1）样板（试验段）的目的及选取原则

详见本导则第 4 章 4.1 节。

（2）样板（试验段）实施

施工前由项目部组织项目专业工程师、监理机构项目总监及专业工程师、承包单位项目负责人及技术负责人共同讨论，并确定该项工序施工作业方法和施工工艺、质量要求。

（3）试验段验收

① 施工样板（试验段）完成后操作班组先自检，自检合格后申请项目部验收，

经项目部初验合格后由项目总工组织甲方、监理、项目部、分包等有关单位进行验收，验收合格后方可进行大面积施工作业。

② 验收首先进行现场查看、验收，然后由参加验收各部门人员进行验收，判断工序样板是否符合要求。如果工序样板（试验段）未达到预期效果，参验各方应分析原因进行总结，如果是施工质量问题，要求按预定的工艺重新施工样板（试验段）；如果是工艺原因，则调整工艺、标准后，要求按新的工艺制作工序样板（试验段）并重新组织验收。

③ 样板（试验段）定样、验收应形成书面记录，明确工序样板标准，清晰表述样板（试验段）施工工艺、控制要点、质量要求，详细记录验收过程、验收结论。最后，参加验收各单位、部门在《施工样板确认表》上签署意见。

（4）样板（试验段）总结

样板试验段结束后应做好总结报告，总结报告应包含以下内容：

① 试验段的目的。

② 施工准备（人、材、机组织等）。

③ 施工方案、工艺、工法。

④ 施工质量、安全等控制要求及保障措施。

⑤ 施工问题及经验总结等。

10. 质量控制要点

（1）地下管线控制

① 管道位置偏移或积水

控制措施：施工前要认真按照相关施工测量规范和规程进行交接桩复测与保护；施工放样要结合水文地质条件，按照埋置深度和设计要求以及有关规定放样，且必须进行复测检验，其误差符合要求后才能交付施工；施工时要严格按照样桩进行，沟槽和平基要做好轴线和纵坡测量验收；施工过程中如意外遇到构筑物须避让时，应在适当的位置增设连接井，其间以直线连通，连接井转角应大于135°。

② 管道渗漏水，闭水试验不合格

控制措施：

针对基础问题，应认真按设计要求施工，确保管道基础的强度和稳定性，当地基地质水文条件不良时，应进行换土改良处治，以提高基槽底部的承载力；如果槽底土壤被扰动或受水浸泡，应先挖除松软土层后和超挖部分用杂砂石或碎石等稳定性好的材料回填密实；地下水位以下开挖土方时，应采取有效措施做好坑槽底部排水降水工作，确保干槽开挖，必要时可在槽坑底预留20cm厚土层，待后续工序施工时随挖随清。

针对管材质量差问题，应要求所用管材要有质量部门提供的合格证和力学试验报告等资料；管材外观质量要求表面平整，无松散露骨和蜂窝麻面；安装前再次逐节检查，对已发现或有质量疑问的应责令退场或经有效处理后方可使用。

针对管接口填料及施工质量差问题，应选用质量良好的接口填料并按试验配合比和合理的施工工艺组织施工；抹带施工时，接口缝内要洁净，必要时应凿毛处理，再按照施工操作规程认真施工。

针对检查井施工质量差问题，应要求检查井砌筑砂浆要饱满，勾缝全面不遗漏；抹面前清洁和湿润表面，抹面时及时压光收浆并养护；遇有地下水时，抹面和勾缝应随砌筑及时完成，不可在回填以后再去做内抹面或内勾缝；与检查井连接的管外表面应先湿润且均匀刷一层水泥原浆，并坐浆就位后再做好内外抹面，以防渗漏。

针对规划预留支管封口不密实问题，当采用砌砖墙封堵时，应注意砌堵前将管口 0.5m 左右范围内的管内壁清洗干净，涂刷水泥原浆，同时把所用的砖块润湿备用；砌堵砂浆强度等级应不低于 M7.5，且具良好的稠度；勾缝和抹面用的水泥砂浆强度等级不低于 M15。管径较大时应内外双面勾缝或抹面，管径较小时只做外单面勾缝或抹面，抹面应按防水的 3 层施工法施工。在检查井砌筑之前进行封砌。

闭水试验时先在渗漏处一一做好标记，在排干管内水后进行认真处理，对细小的缝隙或麻面渗漏可采用水泥浆涂刷或防水涂料涂刷，较严重的应返工处理。严重的渗漏除了更换管材、重新填塞接口外，还可请专业技术人处理后再做试验，如此重复进行直至闭水合格为止。

（2）回填土控制

① 回填土下沉

控制措施：管槽回填时必须根据回填的部位和施工条件选择合适的填料和压（夯）实机械，沟槽较窄时可采用人工或蛙式打夯机夯填；不同的填料、不同的填筑厚度应选用不同的夯压器具，以取得最经济的压实效果；填料中的淤泥、树根、草皮及其腐殖物既影响压实效果，又会在土中干缩、腐烂形成孔洞，这些材料均不可作为填料，以免引起沉陷；控制填料含水量大于最佳含水量 2% 左右，遇地下水或雨后施工必须先排干水再分层随填随压密实。

处治措施：不影响其他构筑物的少量沉降可不做处理或只做表面处理，如沥青路面上可采取局部填补以免积水；如造成其他构筑物基础脱空破坏的，可采用泵压水泥浆填充；如造成结构破坏的应挖除不良填料，换填稳定性能好的材料，经压实后再恢复损坏的构筑物。

② 路床土过湿或有"弹簧"现象

控制措施：在雨季施工土路床，要采取雨期施工措施，挖方地段，当日挖至路槽高程，应当日碾压成活，同时还要挖好排水沟；填方路段，应随摊铺随碾压，当日成活；遇雨浸湿的土，要经晾晒或换土；路床土层避免填筑黏性较大的土；路床土碾后如出现弹软现象，要彻底挖除，换填含水量合适的土。

（3）人行道板控制

① 铺砌道板与立沿石顶面衔接不平顺

控制措施：如果先安立沿石，要严格控制立沿石顶面高程和平顺度。当砌道板时，步道低点高程即以立沿石顶高程为准向上推坡；如果先铺砌道板，也应先将立沿石轴线位置和高程控制准确，道板低点仍以这个位置的立沿石顶高程为准，在安立沿石时，立沿石顶高程即与已铺砌道板接顺。

② 铺砌道板塌边

控制措施：凡后安立沿石部分，立沿石前和立沿石背均应用小型夯具在接近最佳含水量下进行分层夯实。

③ 人行道纵横缝不顺直，砖缝过大

控制措施：水泥混凝土道板，要根据路的线型和设计宽度，应事先做出铺砌方案，做好技术交底，做好测量放线；为了纵横缝的直顺，应用经纬仪做好纵向基线的测设，依据基线冲筋，筋与筋之间尺寸要准确，对角线要相等；单位工程的全段铺砌方法要按统一方案施作，不应"各自为政"；弯道部分也应该先直砌，再补边。

④ 立沿石基础和立沿石背扶出现变形和下沉

控制措施：立沿石基础应与路面基层以同样结构摊铺，同步碾压；槽底超挖应夯实；安立沿石要按设计要求，砂浆卧底，并将立沿石夯打使其基底密实；立沿石背扶要按设计和标准要求；立沿石体积偏大一点，立沿石偏长些，容易安砌稳定直顺。

⑤ 树围石下沉

控制措施：树围石基础应与人行道基层以同样结构摊铺，同步碾压；铺砌道板前按设计方案制作树池模板，提前确定树池周边道板铺砌方案。

（4）防沉降井盖

① 防沉降井盖失稳

控制措施：采用先支垫井盖座，后浇筑坐浆混凝土的工艺，不能用水泥砂浆代替混凝土，也不能后填塞水泥砂浆，必须严格执行现行国家标准《给水排水管道工程施工及验收规范》GB 50268；要满足坐浆混凝土浇筑时的流动及振捣密实的要求；必须保持井盖座与井盖安装基面间有一个合适的间距，这个间距以大于5cm为宜。因为坐浆混凝土除了有流动要求外，还需要有一个合适厚度，过薄时易产生强大不足；浇筑坐浆混凝土时，要认真进行插捣或振捣，以保证其密实；要采取措施防止混凝土在浇筑和振捣过程中流失；取消检查井的混凝土座圈，以去除座圈不实的隐患；必须遵守现行国家标准《给水排水管道工程施工及验收规范》

GB 50268中的规定,不能用水泥砂浆做坐浆材料。同时对浇筑后的坐浆混凝土须按相关规程规定进行洒水养护。

② 防沉降井盖沉降

参见第4.3节"8.防沉降井盖施工"中"(2)施工工艺流程"中"②老旧水泥混凝土路面道路中防沉降井盖施工工艺流程"。

(5)路灯安装

控制工序:定灯位→挖沟→埋管→浇筑路灯基础→敷设电缆→绝缘测试→路灯安装→电气设备安装→杆件垂直度检测→试验、调试→自检→竣工验收。

(6)绿化

① 种植土要求:"三清三理";种植土土壤块径不大于3cm。花卉种植土壤,基质配比为红土:腐殖土:沙=6:3:1;绿地种植土壤,基质配比为红土:腐殖土:沙=7:2:1。基肥要求:乔木每株15kg,1m以下灌木(土球10~30cm)每株8kg,1m以上(土球40cm以上)10kg,地被每平方米2kg。种植前与种植土混匀,放入穴底和种植槽。草坪、花卉每平方米5kg,30cm翻耕。最终填土高度低于铺装、种植池边缘5cm。

② 乔木种植要求:树木垂直支撑稳固,相邻两株乔木高度差异±30cm,冠幅差异±20cm,枝下高±10cm;相邻两株树木相距不超相关规范要求。

③ 灌木种植要求:按照相关规范要求等距均匀种植。

(7)成品保护

施工周期长和多工种交叉作业的存在,决定市政工程施工成品保护的重要性。分项工程的完成对单位工程来说仅仅是产品完成过程中的一个工序,已完成分项工程的保护养护对整个工程有着决定性的作用,所以要严格按照规范及操作要求保护养护好已完成的分项工程。

6.2 质量验收

质量验收及程序要求

1)市政基础设施工程质量验收应在施工单位自行检查评定合格的基础上,由相关单位按照规定的程序组织验收(图6-3)。

2)隐蔽验收:

工程在隐蔽前必须进行隐蔽验收。首先项目经理部必须严格按"三检制"进行检查并做好相应的检查记录表,检查合格后,项目经理部专职质量员必须向总承包项目经理部报验,由总承包项目经理部按程序向监理单位报验,未经总承包项目经理部检查验收不得进行隐蔽作业。(重点部位、关键部位)隐蔽前,保留该隐蔽项目的图片资料。隐蔽工程验收单应由技术负责人填写，签认齐全，与图片资料一起作为竣工文件保存。

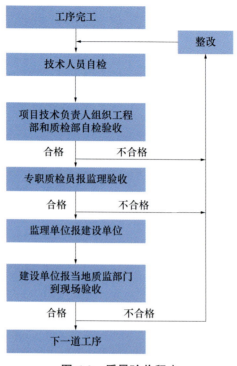

图 6-3　质量验收程序

3）道路转序验收：

道路在转序前必须进行转序验收。由项目部技术负责人组织试验员、专职质量员及试验检测单位对道路弯沉值、压实度进行自检，自检合格后报监理单位及建设单位转序验收，建设单位邀请当地质量监督管理部门参与验收，未完善检测资料及现场转序准备工作未完不得报验及进行下一工序验收，未经验收合格开始下一工序施工视为不合格产品。

4）关键部位验收程序（转序验收）：

由该项关键部位（工序）工程技术人员组织自检，经认定全部符合技术要求后，报技术负责人，由技术负责人组织工程部、质检部等相关人员参加验收并填写验收记录。自验合格后由专职质检员检查签证认可，报请驻地监理工程师检查验证，验证合格后由监理单位报建设单位，再由建设单位通知当地质量监督部门到场进行转序验收并签字记录。

5）检验批、分项工程、子分部工程、分部工程质量验收的程序：

① 检验批、分项工程的质量经施工单位自检合格后，验收记录由施工单位项目专职质量检查员填写并送交监理（建设）单位，监理工程师（建设单位项目技术负责人）组织施工单位项目质量（技术）负责人等进行验收。

② 子分部、分部工程质量的验收应由施工单位自检合格，经项目技术负责人或项目经理审定（涉及结构安全的重要分部工程还应经施工单位企业技术、质量部门检验）后，由总监理工程师（建设单位项目负责人）组织施工单位项目负责人和技术、质量负责人等进行验收。

6）单项工程、单位工程、子单位工程质量验收的组织和程序：

① 单项工程、单位工程、子单位工程的质量验收宜分为初步验收（预验收）和竣工验收两个阶段进行，工程规模较小或内容较单一的项目也可在取得当地质量监督部门同意后一次性组织竣工验收。

② 单项工程、单位工程、子单位工程完工后，施工单位应自行组织有关人员进行检查评定，并向建设单位提交工程完工报告等相关资料，申请初步验收。

③ 建设（监理）单位收到工程完工报告等相关资料后，应组织有关人员组成初验组，进行工程初步验收。工程初步验收可由建设单位组织，也可委托监理单位组织完成。

④ 初步验收组应依据有关法规、合同、设计文件和质量验收规范，对工程观感质量、实体质量和质量控制资料进行检查，记录验收意见及存在问题，形成初验会议纪要。

⑤ 相关单位完成初步验收存在问题的整改，且各责任单位已向建设单位提交工程质量检查报告，具备竣工验收条件的，应由建设单位组织设计、施工（含分包）、监理、接管等单位和其他有关方面的人员组成验收组，制订竣工验收计划，及时组织竣工验收。

7）单位工程、子单位工程有分包单位施工时，分包单位对所承包的工程项目应按上述规定的程序检查验收，总承包单位应派人参加。分包工程完成后，应将工程相关资料提交总承包单位。

当参加验收各方对工程质量验收意见不一致时，可由当地建设行政主管部门或工程质量监督机构协调解决。

8）工程质量监督机构应对工程验收的组织形式、验收程序验收执行标准以及验收内容等进行监督检查，并向备案部门提交工程质量监督报告。

9）工程竣工验收合格后，建设单位应将工程竣工验收报告和有关文件，报建设行政主管部门备案。

6.3 质量创优管理

1. 质量创优组织及职责

总承包项目经理部成立质量创优工作领导小组，负责全面领导决策、推进本项目的工程质量创优工作，及时将申报优质工程的资料报送公司，并组织迎接现场评优检查的工作，其职责如下：

1）明确项目工程质量创优目标，编制工程质量创优策划书。

2）负责将工程创优目标及策划书的相关内容，向项目参建各方进行交底。

3）定期对工程施工现场质量情况进行全面检查，并在项目生产会或质量专题会上通报。

4）对存在的质量问题，责成责任人及时整改。

5）负责及时全面收集与整理工程资料、各阶段影像资料。

6）迎接现场评优检查工作。

2. 过程控制及工作流程

（1）明确质量目标，逐级分解

依据工程性质和规模、合同条件、优质工程评选办法，组织项目经理、技术和工程等相关部门进行评审，根据项目实际情况，确定工程项目的质量创优目标，并列入创优滚动计划。

（2）健全制度，组织到位

① 各项目部在施工工艺技术规范及公司相关规定的基础上，结合自身特点，编制创优工程办法。并在开工之初，建立完善质量检查、奖罚、总分包管理等制度，规范质量行为。

② 成立创优小组：

组建团结协作、能力强、经验丰富的项目管理班子。以公司为导向、以项目为支撑，确保创优过程统一领导、协调有序。当年确定申报优质工程奖的工程项目，该项目部应成立创优质工程领导小组，明确小组成员的职责、权限和奖罚。

③ 配备优质资源：

总承包项目经理部为创优项目选择有实力、协作精神强、信誉好的劳务和专业分包队伍；选择有资质、讲信誉的材料供应商，对所有进场的原材料、半成品严格检查，检验合格后方可使用。对于投入使用的施工机械，进场前必须对其进行能力评估，并选用长期合作信誉好的设备租赁单位，确保进场的施工机械满足施工需要。

（3）创优工程全面策划

① 编制项目管理策划书

项目开工后，总承包项目经理部按照公司规定的时间完成项目管理策划书。该策划书针对质量创优目标，将项目的各项工作进行了合理分析和策划，为编制质量创优策划打下基础。

② 编制工程质量创优策划书

项目部层面的策划是实施性策划,通过目标分解、过程控制、亮点创新、科技进步,确保项目总体质量目标的实现。项目创优策划书中,必须将实物创优策划作为重点进行详细阐述。针对各分部的特点和亮点,编制详细的施工方案或作业指导书,将难点转化为亮点。

根据质量奖项申报规定和日常质量管理要求,项目部应编制工程影像资料的拍摄计划。

③ 优化设计和方案

创优工程,一般体量大、装饰复杂,需要进行有效的深化设计。项目部应加强与业主方、设计院的沟通,及时进行设计和方案的优化,选择先进、可行、可靠、成本消耗低的设计和方案。

④ 积极应用新技术、新材料

技术部门及时下发科技推广计划,并落实到人,通过新技术的应用,解决施工技术难点,提高工程的施工效率和质量,为工程的质量创优奠定基础。

(4) 过程控制

创优工程除按常规工程质量管理规定进行过程控制外,还需注意落实以下过程的控制:

① 项目部领导须亲自参与质量创优实施,对过程中出现的问题及时解决。

② 做好创优培训、交底。公司要不定期在施工现场组织创优培训;项目经理要对项目全体管理人员和施工班组进行有针对性的创优交底。

③ 控制创优成本。一方面项目部通过优化施工技术工艺,实现一次成优;另一方面,项目部在签订分包合同时,明确创优职责,制定阶段性的奖罚措施,将质量控制成本目标分解到各劳务、专业分包方。

④ 质量监控与反馈到位。总承包项目部要及时掌握创优工程施工进展,分阶段、分重点,定期、不定期对工程质量实施过程监控,对不符合规范、标准和创优策划要求的分部分项工程,提出整改要求,并限期整改到位;按月向公司上报《创优工程月报》。当年确定申报优质工程的项目,项目部创优工作小组需每周向公司上报工程情况,包括施工进度、质量情况、质量问题及整改情况的文字和图片说明等。

⑤ 总承包项目部对创优过程中的难点和重点,选择课题开展攻关活动,及时整理成果上报并发表。

⑥ 总承包项目部要履行好总承包责任与义务,协调好各方的关系,共同把好工程质量关,为整体工程创优努力;同时在整个施工过程中,必须加强与业主、设计、监理及地方政府相关部门沟通,与其建立良好的沟通渠道,及时消除施工中存在的问题和矛盾,并得到地方政府相关部门的有力支持。

⑦ 档案和影像资料控制。

总承包项目部根据公司和地方档案馆对工程档案的要求，列出工程资料目录；在施工各阶段应根据目录收集、整理工程资料。由业主直接分包的分部、分项工程资料，也要纳入总承包方的资料管理体系内，及时收集、整理，并妥善保管、统一装订。

总承包项目部及时组织人员拍摄并备份留存施工各阶段和竣工后的工程影像资料，制作复查时所需的光碟和幻灯片。

（5）奖项申报和汇报资料准备

① 按优质工程申报通知，组织项目优质工程申报工作

奖项进行网上申报时，需注意：每个阶段的资料只有一次提交机会，一旦提交就不能修改；有关单位填写的评语必须谨慎和肯定，既要全面又要满足奖项的申报条件。

② 汇报资料准备

根据国家、省、市等各级奖项的要求编写、制作汇报资料。书面汇报资料是提交给专家组成员现场复查时使用的，重点介绍内容包含：工程概况、工程特点、难点和新技术应用情况等方面；其内容应详尽、图文并茂、重点突出。编写的解说词要做到语言精练、层次清晰、重点突出，尽可能地用数据来反映工程的质量细节；拍摄的DVD，画面要清晰、无抖动、切换自然、语言流畅，解说词配音必须与画面同步。

（6）迎接复查

① 总承包项目部组织相关部门进行复查前交底。包括复查时间、程序、注意事项、汇报材料、工程资料、与业主联系等有关事项。

② 总承包项目部组织编制迎检计划或手册。主要包括日程、后勤、陪同人员、受检人员等安排。

③ 接受复查时，总承包项目部组织相关部门安排好交通、食宿及汇报、讲评的会议室。组织人员带上简单工具，配合专家现场复查；带上笔记本、照相机，记录复查组提出的问题。

（7）创优总结

工程获得阶段性创优目标后，总承包项目部应组织编写创优总结报告。主要包括以下内容：前期策划、工程的重点和难点、施工过程控制、推广应用"四新"成果、质量攻关活动成果、后期整改、工程质量特色、存在的不足和需要改进的地方等。

* * *

本章结语：该章节主要是为大力提升质量品质，建立健全质量保证体系，强化过程监督与管控，进一步规范质量管理行为，真正做到质量管理常态化、规范化、流程化。

第7章 特殊情况下的施工

7.1 不断交情况下地下管线的过街（或路口）施工

1. 难点描述

1）施工路段位于城市核心区主干道，车流量和人流量较大，在保证目前交通流量的前提下进行施工，组织难度大。

2）次日交通正常开放，应采取措施保护施工路面，技术难度大。

2. 解决方式

1）提前一个月踏勘现场，调查周边的车辆及行人流量，充分利用区域道路分流，对于周边道路及岔路的临时停车位，应及时和所在地辖管理部门对接，编制好交通组织方案及微循环方案并上报市交警支队并通过审批。

2）对照管线图查看沿线各检查井原有管线走向，开挖探沟确定原有管线埋设及敷设标高，结合新设计管道图纸，确定能否施工，梳理需要调整位置的施工路段清单。

3）提前一周做好人、材、机的准备工作，并进行相应交底。

4）交组审批完成后，通知交通班组人员进场，完成围挡搭设路段临时标线的划设、临时交通指示牌的安装、隔离栏和减速带等一系列分流措施，然后再进行围挡搭设。特别注意，在能保障机械及人员施工面及周边安全范围内，临时围挡只能围四分之一幅车道到半幅车道施工。

5）使用切缝机械对老旧路面进行切缝，防止路面破碎成不规则形状影响路面搭接，沟槽开挖后的渣土应随挖随运，四分之一幅或半幅基坑开挖完成后，按照施工方案及时采取支护措施，有积水的应及时在基坑标高最低处做临时降水坑，防止基坑被水浸泡垮塌，造成意外伤亡事故。

6）按照设计要求做垫层，若时间来不及，施工前和设计单位对接，讨论能否把垫层更换或对基底进行加厚处理，如毛石换填或碎石换填，确保达到设计要求的地基承载值。

7）管道安装完成后，及时对四分之一幅或半幅管道口封堵，保证渣土或回填材料不会流入安装好的管道，也方便后续管道的对接安装。在此种情况下不建议采用中粗砂回填,可直接采用混凝土包封管道,不影响次日交通的正常通行。

8)管道顶部按照相关要求采用临时钢板覆盖,并对钢板进行加固处理。

9)打扫临时围挡范围内的周边卫生,做到"工完、料尽、场地清",最后拆除临时围挡、临时提示及警示标牌,开放交通确保正常通行。

7.2 临时钢板减振降噪处理

1. 难点描述

1)管线过街施工完成后进行混凝土浇筑回填管沟,回填完成的路面在混凝土养护期内,并不具备过往车辆荷载要求,因而使用钢板覆盖。因钢板平整度、路面平整度原因,常规的钢板覆盖在车辆经过时出现翘脚,与地面碰撞发出较大噪声,给过往车辆和周边居民的生活和出行带来不便。

2)不少工地出现钢板"咬人"事件(过往车辆碾压钢板造成翘脚,钢板回跳后压伤市民脚部)。

本项目要求对全线所有路面覆盖的钢板做减振降噪处理。

2. 解决方式

1)管沟回填完成后,吊装钢板覆盖之前,检查钢板整体平整度和强度,保证钢板平整,不因车辆外力而崩裂,不平整或强度不达标的钢板坚决不允许使用。

2)在准备覆盖钢板位置的四边角放置橡胶垫(1~2cm厚)并加以固定,以达到减振和降噪的目的。

3)在施工位置覆盖钢板后,根据覆盖面积进行不少于6处的钢板固定,在钢板边角及受力方向、位移方向的临路面处钻洞并插入钢筋,弯折至卡死钢板,使钢板不因车辆外力发生位移,见图7-1。

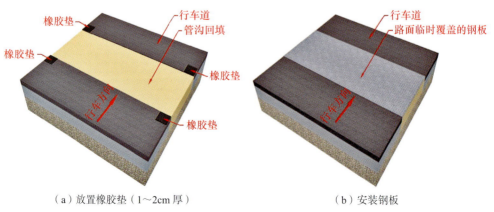

(a)放置橡胶垫(1~2cm厚)　　　　(b)安装钢板

图 7-1 临时钢板减振降噪处理(一)

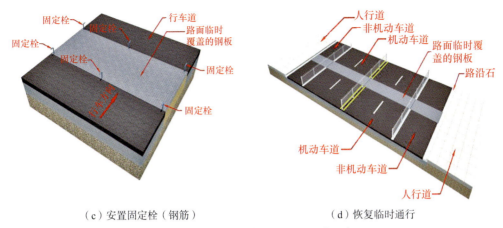

(c)安置固定栓（钢筋）　　　　　　（d）恢复临时通行

图 7-1　临时钢板减振降噪处理（二）

7.3　原有管线保护状态下的沟槽开挖

1. 难点描述

1）现施工路段（东西走向）沟渠为雨污合流排水沟渠，位于人行道下，承载着整条路段的排水功能，且两侧墙壁为石材砌筑，顶板为砖砌结构，修建年代较为久远，顶板覆土深度仅为 20～30cm。

2）本次排水工程新建污水支管（南北走向）与原路段的沟渠标高存在冲突，均需下穿该沟渠，现状沟内淤泥较多，沟内水深 40～80cm，且到水高峰期时，水流湍急，按照常规的排水管道开挖施工不具备条件。

2. 解决方式

1）对新建污水支管与原有沟渠交叉处的施工路段顶板进行人工拆除，之后使用机械开挖 3m（东西向）×4m（南北向）的基坑，基坑采用工字钢支撑。

2）在原有沟渠中部放置 $DN800$ 钢管作导流管，钢管两端采用沙袋进行围堰搭设，之后使用挖机进行污水支管沟槽开挖，开挖至污水支管设计标高后，基底人工整平。

3）挖除该沟渠南北两侧部分侧壁，在南北两侧侧壁开挖位置分别做支管连接井。

4）完成北侧连接井施工后，利用挖机+钢绳吊装新建污水支管并下穿导流钢管，之后完成南侧连接井施工，将新建支管连通。

5）支管连通后，使用钢筋混凝土对南北两端侧壁进行恢复。

6）拆除 $DN800$ 导流钢管，恢复施工路段顶板，完成施工，见图 7-2。

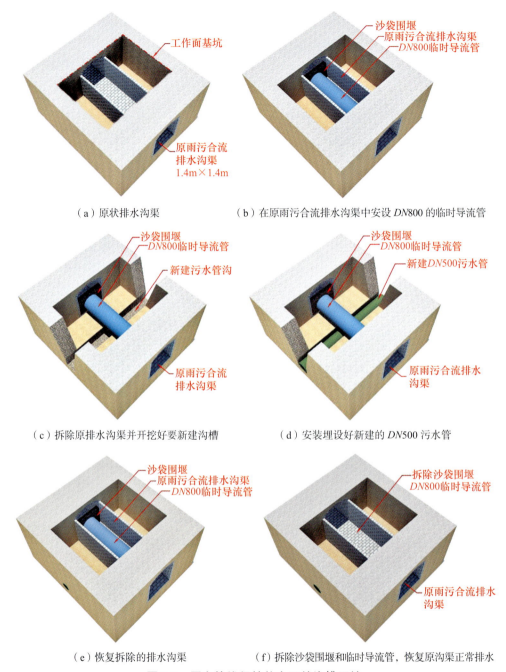

图 7-2　原有管线保护状态下的沟槽开挖

7.4　原有砖拱结构排水主干渠交叉地段的保护施工

1. 难点描述

1）现施工路段排水沟渠为砖拱结构，顶板与路面仅 60cm，由于年久失修，砖拱已经老化,承载力弱,大型机械施工容易导致该段砖沟垮塌。

2)现沟渠上部路面为人行道,项目在建成后将变为车行道,同时道路北侧在进行香格里拉大酒店项目的施工,对该段道路的承载力要求变高,需要提高路面整体承载强度,避免日后道路通车时砖拱垮塌导致路面沉陷。

2. 解决方式

1)经监理、甲方、设计单位到现场讨论后决定,对该段东风大沟砖拱进行顶板修复,确定修复方案。

2)机械配合进行开挖,拆除现状砖拱顶板。

3)沟底淤泥清理,保证并优化东风大沟排水性能。

4)对沟渠两侧壁采用双层双向钢管作横撑支护,然后架设模板,绑扎钢筋网片,并使用C20混凝土进行顶板浇筑,见图7-3。

图 7-3 原有砖拱结构排水主干渠交叉地段的保护施工

7.5 狭窄工作面下人工掘进顶管施工

1. 难点描述

参见第 7.3 节"1. 难点描述"

2. 解决方式

1）在新建污水管与原有沟渠交叉处开挖 3m（东西向）×4m（南北向）的基坑，基坑采用工字钢支撑，开挖至污水支管设计标高后，基底人工整平。

2）铺设顶管轨枕（工字钢形式），放置小型千斤顶（50t 螺旋千斤顶），利用污水钢筋混凝土检查井为千斤顶后靠背。

3）利用挖机＋钢绳吊装新建的污水管道，使其放置于轨枕上。

4）液压千斤顶每次顶进 50cm，然后人工进入管头取土，循环顶进取土流程直至完成施工，见图 7-4。

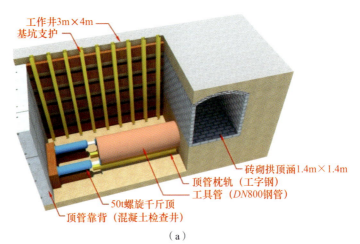

(a)

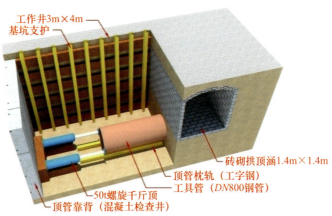

(b)

图 7-4 狭窄工作面下人工掘进顶管施工（一）

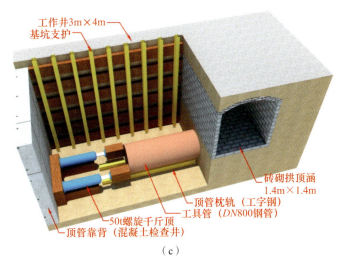

(c)

(d)

图 7-4 狭窄工作面下人工掘进顶管施工（二）

7.6 受埋深影响电力管道的排管

1. 难点描述

1）情况一：现施工道路顶部存在军用光缆（混凝土包封，南北向），按照军方要求需对光缆进行保护，无法实施直接破除；且新建电力管（东西向）北侧已新建有交通、中水管道，总体管沟狭窄，施工难度大，按照常规开挖排管方式不满足施工条件。

2）情况二：新建电力管 4m×4m 横过街，街道北侧现状管线复杂，地下通信光缆多，存在较大开挖难度，且该条新建电力管与新建东西向污水管存在标高冲突。

3）情况三：新建电力管道 4m×4m（东西向）与现有自来水管道（南北向）存在标高冲突。

4）情况四：新建电力管 4m×4m 与现状自来水管（南北向）存在标高冲突，且该段东侧存在现状电力砖沟一条，机械直接开挖难度大，4m×4m 排管无法实施。

2. 解决方式

1）情况一：新建电力管在过街前排管方式由 4m×4m 变为 2m×8m，减少排管整体高度，不占用施工沟槽内大量空间，保障其排水功能。

2）情况二：新建电力管排管方式由 4m×4m 变为 2m×8m，避免与新建污水管标高冲突，同时降低开挖深度，对路口既有未探明管线进行最大限度的保护。

3）情况三：新建电力排管方式由 4m×4m 变为 2m×8m，降低开挖深度，避免管沟深度开挖，保护现状管线。

4）情况四：新建电力排管方式由 4m×4m 变为 2m×8m，降低开挖深度，横穿现状自来水管，将新建 2m×8m 电力管接入现状电力砖沟内。

7.7　绿化带下各类管线标高、位置冲突的控制

1. 难点描述

本项目沟槽挖土方施工均为反开挖，人行道及绿化带下排管覆土深度（距现状绿化顶面）按照 0.5～0.7m 设置；绿化带上方种植乔木情况按 1.0m 考虑；电缆排管设置于机动车道上，其覆土深度为 0.7～1.0m；设置在人行道、机动车上的工井顶部覆土深度为 0.2～0.5m（根据现场微调）；设置在绿化带范围内的工井井盖顶面标高需高于绿化带顶部标高 0.15m，防止雨水、泥沙渗入工井内部。

本项目交叉点重点在电缆排管过机动车道部分与污水管、雨水管支管交叉；过机动车道时与道路雨水、污水管、通信管等均存在交叉管线。

2. 解决方式

1）管线交叉的处理原则：压力管线让重力管线；易弯曲管线让不易弯曲的管线；分支管线让主干管线；小口径管线让大口径管线；技术要求低的管线让技术要求高的管线；柔性结构管线让刚性结构管线；管道相互之间以及其他管道的允许最小间距应符合设计及规范的要求。

2）本项目根据各类管线标高，电力管线应位于重力自流管线上方，位于煤气管线下方。电缆排管在交叉点垂直处最小距离原则上控制在 0.50m 以上，如无法满足可调整至 0.25m，施工时电力排管需与给水排水、弱电、煤气施工对接，适

当调整电缆排管位置,合理避让该部分其他管道。如无法避让,及时联系设计人员以便解决问题。

3)排管通过时,排管部分应结合实际情况改变排管方式,以降低排管竖向高度来满足交叉垂直段的相应要求。

4)在非机动道上的交叉点前后设置检查井,采取过渡形式处理。

7.8 "白+黑"原状混凝土路面基层病害处治

1. 难点描述

1)在左幅施工开挖时施工范围内地层处路基填料不均,结构松散,表层为钢筋混凝土路面,填料主要由黏性土、粉砂、泥炭质土与砾砂等组成,分布规律较为复杂,土层具有高孔隙比、高含水量、高液限、低密度、高压缩性等显著特征,其抗剪强度低、板底掏空承载力低、灵敏度高、沉降量大。

2)局部路基处于地下水侵蚀线以下,易导致路基土浸水软化。

2. 现场病害类型及解决方式

情况一:原混凝土路面相邻板块地基承载力不足造成的各种错台、裂缝(图 7-5)

1)针对相邻板块地基承载力不足造成的各种错台、裂缝等病害采取注浆修复。

2)注浆使用的水泥为普通硅酸盐水泥,其浆液水灰比为 1:0.5~1:1,水泥浆与水玻璃的质量比为 1:1,采用水泥-水玻璃浆液可以克服单液水泥浆凝结时间长,不易控制、结实率低的缺点,提高水泥注浆的效果,扩大应用范围。

3)现场使用磷酸镁快硬高强材料,可满足及时开放交通的要求,减少施工期间交通压力。

(a)错台:对沉降板进行注浆,固化路床土体,并通过铣刨调整板间高差　(b)裂缝严重:清缝后,填充环氧树脂封水,铺设防裂贴和应力吸收层　(c)板底掏空:对路床土注浆固化,再对破损部位进行破除及修复

图 7-5　路面基层病害处治方式

情况二：原沥青混凝土开裂（图7-6）

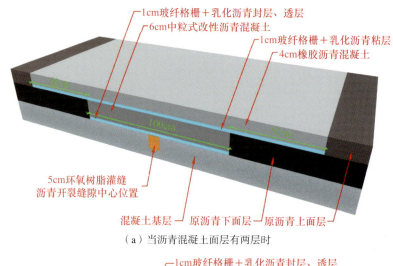

(a) 当沥青混凝土面层有两层时

(b) 当沥青混凝土面层有三层时

图 7-6 原沥青混凝土开裂处治方式

情况三：原路面下沉，排水沟盖板周边破损、下沉（图7-7）

(a) 沥青路面下沉　　　　　　(b) 排水沟盖板周边破损

图 7-7 原路面下沉等病害处治方式

1）路面下沉、沥青破损开裂：先探明地下管线，避免浆液注入地下管道中；注浆孔按间距1m呈梅花形布置，孔深1.3m，后期沥青铣刨、路面调平即可加铺。

2）施工路段全线使用防沉降井盖。

7.9 狭窄工作面下的吊装支护系统

1. 难点描述

1）某沟渠位于现状白云巷东侧非机动车道（南北走向），该沟段为白云巷雨污合流排污管道，内部为石砌拱顶涵，涵顶存在南北走向军用光缆数根，顶板混凝土结构层约45cm。

2）本次电力工程新建电力管（东西走向）需横穿该沟段，按照军方要求需对光缆（混凝土包封）进行保护，无法实施直接破除；且新建电力管北侧已新建有交通、中水管道，总体管沟狭窄，施工难度大，按照常规开挖排管方式不能满足施工条件。

2. 解决方式

1）开挖前根据地形地下管线勘测图和沿线周边环境注示及相关部门人员现场指认位置，采用人工开挖，直至军用管线完全暴露。

2）在明确管线走向后，沿管道上空架设型钢及其吊装支护系统（图7-8），拼装前在其底部安放枕木垫块。枕木拟采用25cm×25cm方木分2排堆叠在原地面上，并在底部设置支墩。因垫块承受了吊装系统和架空管道的重量，故垫块安放尽可能远离基坑边（根据现场情况决定），以保证基坑边坡稳定。

3）枕木安放完成后，打设2排钢管桩，每排由两根$D219mm$的钢管组成，间距为80cm。钢管桩采用机械及人工配合打设，桩尖入基坑底下大于1m。在枕木上安放2根14号工字钢，固定后采用双扣扁平吊带把军用管线悬吊起来（管线下方放置木板长1m×宽0.3m×厚5cm）。机械吊装至横向14号工字钢，安放在枕木顶，纵向工字钢的方向与军用管线走向保持一致。

4）军用管线架空后，进行沟槽基坑开挖。军用管线及钢管桩周围1m范围内均采用人工挖土，以免破坏军用管线及扰动管桩。当基坑开挖至一定深度时，采用两根14号工字钢固结于管桩上以加强管桩的稳定。

5）新建管线沟槽采用C30早强混凝土回填，由于现场条件受限，需将现状沟段破除，并采用C30钢筋混凝土恢复，在回填军用管线处时通知军缆管理部门人员至现场监督，回填后，即可拆除型钢及其吊装支护系统。

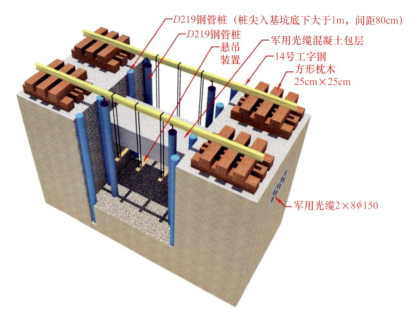

图 7-8 吊装支护系统示意图

7.10 采用预制管托高效完成混凝土管道安装

1. 背景

在市政主干道进行提升改造工程，由于对交通影响较大，开挖埋管需快速完成恢复交通；此外，因地下水位高，须快速完成混凝土管安装及混凝土包封，采用预制管托支撑好混凝土管，然后垫层和包封混凝土一起浇筑。

2. 工作原理

利用焊接钢板制作成如图 7-9 所示构件，能有效支撑管道，并保证管道稳定不易发生较大沉降或偏移，管道下部也能有效浇筑混凝土垫层，不需等混凝土垫层达到预定承载力即可对管道进行吊装，有效提高施工速率。

3. 施工工艺

采用钢板焊接预制好管托，并搬运到施工现场—沟槽开挖至相应标高（比设计垫层底标高高 2cm）清理整平—安装预制管托—吊装混凝土管道—混凝土包封。[注：钢板由 Q235 钢制成，钢板厚度 $t = 10$mm，管道直径为 D（本项目 $D = 2000$mm），加劲肋每边外伸 300mm]。

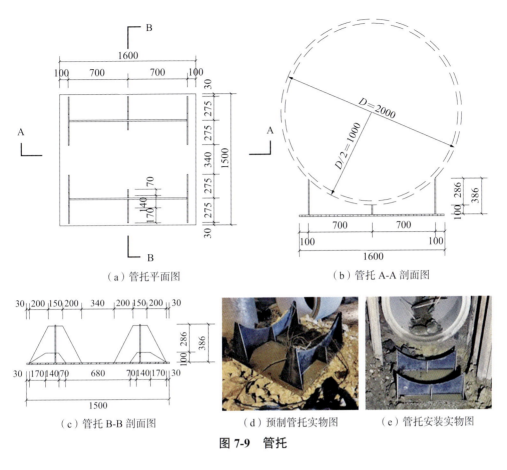

(a) 管托平面图   (b) 管托 A-A 剖面图

(c) 管托 B-B 剖面图   (d) 预制管托实物图   (e) 管托安装实物图

图 7-9 管托

* * *

本章结语：该章节主要是总结推广技术创新，发扬工匠精神，所列举的技术均为在施工过程中经常会遇到受各种特殊条件的影响，很难按照常规正常工艺施工的特殊情况而采取的一些"小发明、小创造、小建议"，从而实现在保证安全、质量的前提下，按照工期进度要求顺利完成该项工作。

第 8 章　路畅人和

8.1　项目完成情况

1. 项目完成情况

在昆明市委、市政府的大力支持下，在指挥部的有力统筹下，各参建单位密切合作，通过对东风路现状梳理、优化整合，进一步连接道路沿线内外空间、强化道路景观序列，按照科学、集约、高效、系统、美丽的恢复原则进行提升改造。将东风路打造成为：以礼宾、品质、繁华为特色，展现都市繁华和历史文化景观特色的商旅大道、昆明的城市中心生态景观轴、链接城市地标建筑的文化走廊、"世界春城花都"品牌的展示窗口。

（1）精细设计打造精品工程

按照"高标准、精细化、针对性、绿色道路"的设计要求，在全面复测地形、现状调查的基础上，通过分段优化道路断面，统一铺装树池形式，完善市政管线、交通设施，合理布置公交站点，改善通行环境，美化道路通行空间，提高路面照度，节点亮化和景观照明，完善城市家具等针对性设计，全方位打造精品工程。

① 优化道路交通，完善交通出行体系。根据现状道路断面，合理确定道路中心线，优化车道分配宽度和交叉口通行环境；将昆河铁路～二环东路段机非分隔带拆除，由双向四车道拓宽为双向六车道；对破损路基路面进行修复；坚持常规公交支持轨道交通的原则，合理布置公交站点，实现地铁、公交、自行车、出租车之间的便捷换乘。

② 梳理地下管网，改造沿线排水系统。对沿线雨污水分流、淹积水点进行整治，确保雨季道路的通行功能正常；对沿线给水、中水、弱电等老旧管网管线进行重新梳理设计，适当考虑扩容，保障地下管线的使用功能。

③ 重塑绿化景观，宣扬道路历史人文。全线梳理人行道绿化，行道树在现状基础上分段优化统一；将历史文化元素融入沿线重要景观节点、地铁站等开敞空间，用景观体现东风路的历史人文；对沿线 4 座天桥及龟背立交进行美化亮化提升改造。

④ 完善人性化设施，满足行人使用需求。对沿线城市家具进行统一更换，完善道路的人性化设施；对沿线地铁站点、公交换乘、沿线建筑与道路高差、无障

碍设施等细部进行改造,满足行人使用需求。

⑤ 突出绿色环保理念。广泛运用新型纳米涂料、橡胶沥青、钢渣透水砖等新材料,通过技术手段减少城市管护成本,增加道路使用寿命。

(2)严格管理确保规范施工、文明施工

① 根据工程进展情况和轨道站点施工进度,持续做好道路保通工作,争分夺秒,进一步压缩施工转序时间,严格工期管理,全力实现预期建设目标。

② 进一步落实质量安全、文明施工的细化措施,加大督促、监督、指导、处罚力度,持续抓好质量安全、文明施工和道路保通各项管控措施的落实,做到规范施工、文明施工,最大程度减小施工对市民生产、生活的影响。

2. 功能性整改情况

(1)优化道路断面,满足交通需求

根据交通流量预测评价分析,对昆河铁路～二环东路段进行拓宽改造,通过压缩现状 3m 机非分隔带和部分非机动车道,由双向四车道拓宽为双向六车道,以满足通行需求,缓解交通拥堵,有效地发挥了东西向主干路的交通功能,见图 8-1。

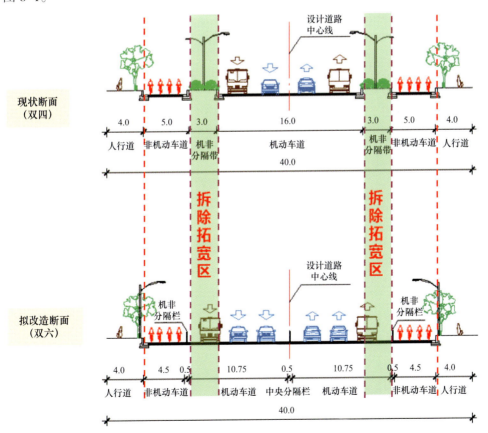

图 8-1 东风路(昆河铁路～二环东路)改造断面(单位:m)

（2）道路交叉口渠化，人行过街系统优化

对全线交叉口及路段交通流线进行了优化设计，以交通顺畅、安全为出发点，渠化交叉口进出口车道布置，增设交通安全岛，优化信号灯相位，有效解决了节点功能性不足问题，更好地发挥了交通功能需求。

对全线人行过街系统进行了重新梳理，结合地铁站点及现状天桥，封闭了原白云巷人行过街开口，增设了恒隆广场、拓东体育馆、外国学院、大树营等路段信号控制过街系统，还路于民，在确保机动车通行效率的同时，确保行人出行的便捷。

（3）设置公交专用道，重现公交都市

本次东风路提升，设置了路侧式公交专用道，并对公交站点与地铁、商场的衔接进行了优化设计，机非分离，方便换乘，迎合了昆明"公交都市"的名誉，倡导了绿色出行，满足了公交优先的交通功能，见图8-2。

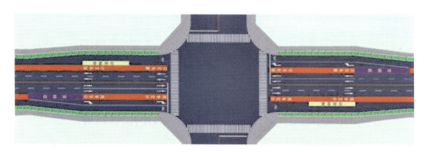

图8-2 东风路公交专用道设计示意图

（4）全线淹积水排查，基本解决道路淹积水问题

对全线雨水管道堵塞、容量不足、雨水口不处于低点等淹水问题进行整治。并对全线昆师路口、五一路口、护国路口、尚义街口、樱花酒店段、明通巷、东风巷口、人民巷、金马立交路口、大树营后营、董家湾段、外国语学校段、大树营地铁站等多个淹积水点进行整治，基本发挥了东风路雨污水的排洪功能，2021年雨季道路淹积水问题明显缓解。

（5）全线梳理人行空间，综合解决人行道绿化空间、人行空间、非机动车停车空间问题

以人行道路缘石边线～现状建筑/片状绿地/围墙为人行道宽度，根据现状保留乔木位置、非机动车停车需求、周边建筑情况，优先保证人行通行空间，保障无障碍通道全线贯通，其次保证非机动车停车功能性要求，再根据周边建筑及道路开口情况合理布置绿化。

（6）城市家具更新，人性化设计展示

本次东风路改造对全线路灯、垃圾桶（果皮箱）、拦车石、休息座椅等城市家具统一更换；对非机动车停车位进行专项优化设计，采用凹凸形式设计有效保

证行人通行空间，同时有效解决了共享单车乱停乱放问题；对沿线天桥增设防滑步道、粉刷、亮化等美化亮化工作，同时根据检测资料，对桥梁进行了修复工作，在保证桥梁美观的同时，也保证了稳定的质量；对上面层沥青采用降噪、抗老化、抗疲劳、抗水损较好的"环保低碳型"橡胶沥青路面材料；响应海绵城市号召，采用海绵型生态护树穴盖板、钢渣透水砖等海绵型生态材料。

8.2 项目前后对比分析

项目前后对比分析见表 8-1。

项目前后对比分析　　　　　表 8-1

整治前	整治内容	整治后
	➢ 二环东路～昆河铁路 ✓ 地下管线梳理 ✓ 路面新建（橡胶沥青路面） ✓ 交通标志标牌标线等更换 ✓ 进口道宽度为 2.8m ✓ 调头点、非机动车道宽度、人行过街系统等梳理调整 ✓ 绿化、照明灯提升改造	
	➢ 昆河铁路～北京路 ✓ 取消原机非分隔带 ✓ 双向四车道拓宽为双向六车道 ✓ 增设护栏 ✓ 优化竖向	
	➢ 人民路～五一路段 ✓ 白加黑 ✓ 增设公交专用道	
	➢ 支次路 ✓ 梳理整治地下雨污水、电力管线 ✓ 解决淹积水问题 ✓ 重做路基路面、交通工程 ✓ 梳理整治人行道，水泥浇筑人行道板	

续表

整治前	整治内容	整治后
	➢ 交通标线 √ 选用双组分涂料或热熔型涂料，并采用反光标线 √ 城市主干路车道分界线及导向箭头应采用双组分雨夜反光标线 √ 交叉口、人行横道线应采用双组分防滑反光标线	
	➢ 过街安全岛 √ 当人行横道长度超过16m时，应在人行横道中央设置过街安全岛 √ 安全岛宽度≥2m，改建时宽度≥1.5m √ 过街安全岛范围内，供行人通过及驻足空间的地面标高应与路面标高一致 √ 直开式安全岛开口应右偏15°～45°，迫使行人朝向来车方向使其注意车辆 √ 错开式安全岛开口应左进右出，结合错位人行横道迫使行人注意车辆 √ 过街安全岛两端应设置防护设施，且其外侧应使用反光标志	
	➢ 昆师路交通节点 √ 昆师路与凤翥街交叉路口原允许凤翥街由龙翔街方向驶来车辆左右转进入东风路和昆师路，调整为禁止左转东风路，即昆师路与凤翥街交叉路口车辆只能右进右出 √ 同时在昆师路东南角增设右转专用安全岛，引导规范昆师路右转进入东风路车辆轨迹，并有效缩短路口行人过街安全距离，保证行人安全	
	➢ 五一路口交通组织 √ 西进口压缩车道数，拓宽一个车道，并增加非机动车道宽度至5m √ 东进口增设掉头车道 √ 并根据交警意见及电力通道敷设需求，对三角绿化岛进行渠化设计 ① 西侧压缩绿化岛 3.0m ② 东侧压缩绿化岛 2.0m ③ 北侧人行过街斑马线改为人行道铺装（高于路面），保证行人安全 ④ 拓宽后，东西侧均增加非机动车道宽度	

续表

整治前	整治内容	整治后
	➢ 沿街第三排绿化改造 ✓ 取缔第二排单体树池 ✓ 商铺前连体树池，改为单体树池 ✓ 增设车行道边连体树池 ✓ 更换铺装	
	➢ 沿线人行道铺装及绿化 ✓ 取缔原杂乱行道树 ✓ 围墙侧增设连体树池 ✓ 调整平顺标高 ✓ 更换铺装	
	➢ 景观绿化 — 结合人行道宽度、设计连体／单体树穴 ✓ 根据人行道断面宽度，合理布置景观绿化带，保证人行空间 ✓ 通过景观绿化带设计，过渡人行道死角，利用道路灰色空间 ✓ 人行道较宽或较重要空间，结合道路主题，设置特色绿化节点	
	➢ 欧必达酒店绿化节点 ✓ 根据最新人行道边线，重做周边铺装；架空线入地；保留主要乔木，重做花池，重新梳理地被	
	➢ 非机动车道停放点 ✓ 梳理自行车停车需求 ✓ 采用凹凸式花台设计自行车停车位	
	➢ 杆件基础铺装 ✓ 采用灵活多样的水泥砂浆＋鹅卵石进行铺装	

续表

整治前	整治内容	整治后
	➢ 井盖装饰（绿化带内） — 隐藏、美化 √ 采用可移动式花盒，对绿化带内井盖进行遮挡、美化	
	➢ 箱变装饰 — 遮挡、美化 √ 人行道上环网柜、箱变采用云南十八怪等云南历史文化元素进行彩绘。 √ 凸显云南特有元素	
	➢ 盲道设置 √ 连续、平顺，减少转折且中途不得有电线杆、设施、树木等障碍物，间距＞25cm	
	➢ 路灯云南特色元素设计 — 节能、美观 √ 结合云南孔雀头、昆明市山茶花等特色元素进行设计 √ 满足照度、节能、美观、本土风情	
	➢ 天桥美化亮化 √ 更换护栏 √ 更换橡胶防滑地垫、铺装 √ 外立面清洁除锈、油漆粉刷 √ 增加桥体两侧绿化花箱、灌溉系统 √ 外露电缆线盒包封 √ 增设护栏灯 √ 增设洗墙灯 √ 增设射灯 √ 简洁、明亮	
	➢ 龟背立交美化亮化 √ 立交下层中心圆形广场顶面采用弧形定制LED条形灯，光源以3000~4000K暖色光源为主，使桥下空间不再显得阴冷昏暗，中心设置艺术琉璃灯柱，周边柱替换原有广告灯柱，用铝单板重新包装，强化广场中心感 √ 桥下广场中心柱子重点打造，利用琉璃花重新包装，光彩夺目，使其成为整个广场最瞩目的亮点	

东风路行车流量对比分析见表 8-2。

东风路行车流量对比分析　　　　表 8-2

日期	行车流量	日期	行车流量	增幅比
2019 年 1 月 2 日	42852	2020 年 1 月 1 日	52135	121.67%
2019 年 1 月 3 日	41957	2020 年 1 月 2 日	52014	123.97%
2019 年 1 月 4 日	41205	2020 年 1 月 3 日	49726	120.68%
2019 年 1 月 5 日	43576	2020 年 1 月 4 日	53864	123.61%
2019 年 1 月 6 日	43621	2020 年 1 月 5 日	50958	116.82%
2019 年 1 月 7 日	43025	2020 年 1 月 6 日	51810	120.42%
2019 年 1 月 8 日	41858	2020 年 1 月 7 日	50876	121.54%
2019 年 1 月 9 日	43641	2020 年 1 月 8 日	53440	122.45%
2019 年 1 月 10 日	46524	2020 年 1 月 9 日	53109	114.15%
2019 年 1 月 11 日	46764	2020 年 1 月 10 日	57396	122.74%
2019 年 1 月 12 日	48029	2020 年 1 月 11 日	54997	114.51%
合计	483052	合计	580325	120.14%

注：本表由交警部门提供。

8.3　社会反响

1. 竣工验收

东风路道路恢复提升工程规范、标准、质量、程序等符合相关验收标准和规范规定，于 2019 年 12 月 27 日竣工验收（图 8-3）。

图 8-3　竣工验收

2. 社会反响

昆明市各大媒体争相报道，市民一致好评（图 8-4）。

① 提前完工，满足高标准、精细化、针对性、绿色道路的设计要求；

② 宽敞、整洁的东风路，在鲜花掩映下，人流车流分明，再现繁华盛景；

③ 在东风路街道两旁的人行道上，抬眼望去，整个路面平整干净，焕然一新；

④ 路边孔雀头、山茶花造型的路灯保证照明充足；

⑤ 公交站台人性化，如站台高度与公交车前后门进出的高度基本吻合，站台上铺有盲道，站台座椅为二人座，更稳定、安全、无积水；

⑥ 南屏步行街东口设计成两车道调头，公交车、社会车辆各行其道；

⑦ 人行天桥由原来的台阶式改为上下坡式，并铺有防滑胶垫。

上述亮点，形成了东风路上最美的风景。

邀请恒隆广场、香格里拉酒店及云南饭店建设单位负责人进行沟通交流，充分考虑各单位的意见和诉求，研究制订较为合理的施工计划

辖区街道办给项目建设指挥部赠送锦旗

图 8-4　社会反响相关报道及图片